Philip Manow

(Ent-)Demokratisierung der Demokratie

Ein Essay

Suhrkamp

Klimaneutral
Druckprodukt
ClimatePartner.com/14438-2110-1001

2. Auflage 2024

Erste Auflage 2020
edition suhrkamp 2753
Originalausgabe

Satz: Satz-Offizin Hümmer GmbH, Waldbüttelbrunn
Druck und Bindung: C.H. Beck, Nördlingen
Printed in Germany
ISBN 978-3-518-12753-7

www.suhrkamp.de

Demokratie gegen Demokratie – illiberale gegen liberale, direkte gegen repräsentative Demokratie, vielleicht sogar »the people vs. democracy«? Es scheint, die Demokratie war noch nie so unumstritten wie heute, während zugleich noch nie so umstritten war, was aus ihr folgt. Jeder tritt in ihrem Namen an und beschuldigt den Gegner, ein Gegner der Demokratie zu sein.

Der Demokratie droht heute nur noch Gefahr von ihr selbst. Unsere Lage, so die These Philip Manows, ist von der gleichzeitigen Demokratisierung und Entdemokratisierung der Demokratie gekennzeichnet: Es ist die drastische Ausweitung von Partizipationschancen, die im Zentrum der Krise politischer Repräsentation steht. Diese Krise aber transformiert den Streit *in* der Demokratie zu einem Streit *über* die Demokratie – der ist jedoch demokratisch nicht zu führen.

Philip Manow, geboren 1963, ist Professor für Politikwissenschaft an der Universität Bremen. In der edition suhrkamp erschien von ihm zuletzt *Die Politische Ökonomie des Populismus* (es 2728).

edition suhrkamp 2753

Inhalt

Einleitung: Eine Politische Theorie des Populismus

Wir sind es überdrüssig zu hören,
dass die Demokratie in der Krise ist.
C. B. Macpherson 1965, S. 2[1]

Unsere Zeiten sind vielleicht nur darin neu, dass in ihnen immer etwas zu Ende geht, aber nichts Neues an seine Stelle tritt: das Zeitalter der großen Erzählungen oder das der Ideologien, die Geschichte, die Moderne, der Liberalismus, die Wahrheit usw. Nun also anscheinend auch die Demokratie. Unfähig zu sagen, was danach kommt, stellt man den Begriffen eine Silbe voran: Posthistoire, Postdemokratie, *post-truth* ... Die Postmoderne, als eine Art Klammerbegriff, soll wiederum die kulturelle Ausdrucksform von etwas sein, das sich ebenfalls erschöpft hat, aber als maßgeblicher Verursachungsfaktor und als Begründungsressource kulturkritischer Diagnosen noch gebraucht und daher mit einem vorsichtigeren Zeitpräfix versehen wird: der Spätkapitalismus (Jameson 1991; Anderson 1998). Vorsicht scheint hier auch deshalb geboten, weil die These, die Geschichte sei zu Ende gegangen, ja insbesondere mit dem vollständigen Sieg begründet wurde, den der Kapitalismus über seine staatssozialistische Systemalternative davongetragen habe (Fukuyama 1989, 1992).[2]

Die Konsequenz dieser zahlreichen End-Diagnosen ist eine zeitliche Verortung – post-irgendwas – in einem seltsam zeitlosen Raum: »[M]an kann das Konzept der Postmoderne verlässlich als einen Versuch begreifen, die Gegenwart historisch zu verorten, in einer Zeit, die historisch überhaupt zu denken verlernt hat.« (Jameson 1991, S. ix) Das wird aber nicht als Widerspruch wahrgenommen, sondern als Beleg der These selbst, sei die Postmoderne doch geprägt von dem paradoxen, ungleichzeitigen Nebeneinander und nicht mehr – wie die Moderne – von dem folgerichtigen, teleologischen Nacheinander.

Auch der aktuelle Populismusdiskurs zieht seine besondere Dringlichkeit im Wesentlichen aus einer solchen Endzeitperspektive, aus der drohenden Gefahr eines »end of democracy« oder aus der Diagnose, die entsprechende Schwelle sei bereits überschritten. Und auch für diese Entwicklung werden bisweilen der Kapitalismus und sein globaler Erfolg verantwortlich gemacht. Ein sich im Weltmaßstab durchsetzender Kapitalismus unterminiere die nationalstaatlichen Wachstums- und Wohlfahrtsstaatsmodelle, so die Einschätzung, und sei somit verantwortlich für ein weiteres Zu-Ende-Gehen, für das Ende des Nationalstaats, und das heißt eigentlich: für das Ende der Politik. Wir befinden uns, das wurde zumindest lange Zeit gern behauptet, in einer postnationalen Konstellation. Aber das »Ende der Nation« bedeute zugleich »den Tod der Politik« (Guéhenno 1998, S. 39).[3] In diesem Fall jedoch meinen viele – wenigstens in Europa – zu wissen, was danach kommt oder doch kommen sollte: der Nachbau des nationalstaatlichen Modells in größerem Maßstab, auf suprastaatlicher Ebene. Für sie liegt der Ausweg aus den gegenwärtigen Schwierigkeiten und Konflikten darin, »die Reichweite von Demokratie, Regulierung und Sozialpolitik auf Ebenen oberhalb des Nationalstaats auszudehnen« (Crouch 2018, S. 4).

Weil es aber bis auf Weiteres keinen glaubwürdigen Entwurf dafür gibt, wie sich Demokratie und Wohlfahrtsstaat auf supranationaler Ebene verwirklichen lassen, und weil auch Europa einen solchen nicht bietet, scheint für Kritiker das im schlechten Sinne Utopische dieses Versprechens auf das handfeste Szenario einer doppelten, ökonomischen *wie* politischen Entmündigung hinauszulaufen. Die im Blick auf Staatshaushalte und politische Letztverantwortung ohnehin recht nachlässig begründete These von der postnationalen Konstellation legitimiert, so die Befürchtung, dann eine überhaupt erst zu vollziehende Absage an die Nation, so dass man mit ihr schließlich auch noch den Adressaten für jeglichen demokratischen Unmut über die schwindenden Räume politischer Selbstbestimmung zum Verschwinden bringen könnte – der ultimative Triumph liberaler »Postpolitik« (Chantal Mouffe). Das sieht dann aber gar nicht mehr nach einem »ungenierten Sieg des ökonomischen *und* des politischen Liberalismus« aus (Fukuyama 1989, S. 3, meine Hervorhebung), sondern viel eher nach einem Sieg der ökonomischen Freiheiten auf Kosten der politischen.

Was wir unter Populismus subsumieren, ließe sich

aus dieser Perspektive als Protest gegen Globalisierung verstehen. Sowohl gegen die ökonomische als auch gegen die politische Globalisierung (Kriesi 2014; Kriesi/Pappas 2015; Rodrik 2018), im europäischen Fall insbesondere auch als Protest gegen die Dekonsolidierung des Nationalstaates durch die Verlagerung von Entscheidungskompetenzen auf die europäische Ebene (Hooghe/Marks 2017). Dahinter steht ein Versprechen auf die Rückerlangung politischer Souveränität. Man mag diesen Wunsch für nostalgisch, naiv, aus der Zeit gefallen und daher schon per se für demagogisch und verlogen halten. Sein demokratischer Kern und dessen Mobilisierungskraft mitsamt ihren verteilungspolitischen Implikationen lassen sich aber schlecht ignorieren – oder nur um den Preis des Nicht-Verstehens der gegenwärtig dominanten politischen Konfliktlinie. Das mündet schließlich in eine Debattenlage, in der die Diagnosen nicht gegensätzlicher und unversöhnlicher sein könnten: Populismus als Gefährdung der Demokratie etwa durch Nationalismus, oder Populismus als Reaktion auf die Gefährdung der Demokratie etwa durch Denationalisierung. So, wie sich diese wechselseitigen Einschätzungen öffentlich artikulieren, haben wir es dann aber schon mit einer entscheidenden Überschreitung vorheriger »Postdemokratie«-Befunde zu tun, stellten diese doch noch auf das formale Weitergelten, inhaltlich jedoch zunehmend entleerte Funktionieren demokratischer Prozesse ab, während sich heute die Lager wechselseitig zum Vorwurf machen, sich jeweils als offene Verächter beziehungsweise Gegner der Demokratie zu erweisen.

Indes provoziert auch die begründete Annahme, Populismus habe nicht zuletzt etwas mit Globalisierung zu tun (Manow 2018; Rodrik 2018)[4], eine Reihe von Folgefragen. Zunächst: Wenn Populismus ein politischer Reflex auf die Dekonsolidierung des Nationalstaats ist, heißt das, dass von ihm keine Gefahr für die Demokratie ausgeht? Das heißt es meines Erachtens nicht, aber die Antwort fällt etwas komplizierter aus (siehe dazu unten Teil II). Und grundsätzlicher: Wie konnte das Globalisierungsprojekt, das ja kein irgendwie naturwüchsiges, sondern ein politisches Projekt war und ist, überhaupt so weit vorangetrieben werden, dass es erst jetzt und nun recht plötzlich einen so disruptiven, weil elektoral folgenreichen Protest hervorruft? Warum haben demokratische Korrekturmechanismen nicht schon viel früher gegriffen?

Es stellt sich also einerseits die »Warum dort?«-Frage der geografischen Varianz: Warum wird der Globalisierungsprotest einmal eher als Protest gegen die grenzüberschreitende Bewegung von Gütern und Kapital und einmal eher als Protest gegen die grenzüberschreitende Bewegung von Personen artikuliert? Warum tritt der Protest hier eher links und dort eher rechts auf (Manow 2018)? Oder sind das vielleicht ohnehin überholte Kategorien in einer Zeit, in der sich ein republikanischer US-Präsident zum Schutz der Arbeiterklasse vom Freihandel verabschiedet, ein italienischer Rechtspopulist gegen die durch die Maastricht-Kriterien auferlegte »Austerität« protestiert und ein französischer Linkspopulist die Migrationspolitik Angela Merkels kritisiert, weil diese auf die europaweite Schaffung einer lohndrückerischen Unterklasse abziele? Haben sich unsere Einordnungsmuster nicht vielleicht erübrigt in einer Zeit, in der viele populistische Parteien dem Wähler eine neuartige Kombination aus sozioökonomisch linken und soziokulturell rechten Positionen präsentieren? Immerhin handelt es sich dabei um eine ideologische Kombination, die in den ostmitteleuropäischen Ländern bereits seit 1990 als Erbschaft des Konflikts zwischen wirtschafts- *wie* gesellschaftspolitisch liberalen Reformparteien und den in beiden Dimensionen etatistisch-konservativen kommunistischen Nachfolgeparteien dominiert (Hooghe et al. 2002; Marks et al. 2006).

Es stellt sich aber zugleich die »Warum jetzt?«-Frage (vgl. Guiso et al. 2017): Warum haben sich in unserer Gegenwart simultan diverse populistische Bewegungen herausgebildet, die viele verschiedene Kontexte und Milieus erfassen? Bei allen Unterschieden in den Erscheinungsformen und konkreten Programmatiken des Populismus müsste eine politökonomische Erklärung des Phänomens ja auch angeben können, was sich im Verhältnis von Ökonomie und Demokratie so grundsätzlich geändert hat bzw. wie sich Ökonomie und Demokratie jeweils für sich derart verändert haben, dass uns ihr Verhältnis heute so krisenhaft und die Demokratie so gefährdet erscheint.

Solche Fragen zwingen dazu, noch einmal grundsätzlicher anzusetzen. Eine Politische Ökonomie des Populismus bedarf offenbar auch einer Politischen Theorie, und die muss historisch und theoretisch weiter ausgreifen. Das macht sich dieser Essay zur Aufgabe. Wenn der *Anlass* für populistischen Protest auch in jeweils recht konkreten ökonomischen Verwerfungen liegen mag, so verweist das Phänomen selber doch auch auf spezifische Dysfunktionalitäten der repräsentativen Demokratie. Hier setzt mein Argument ein. Seine zentrale These lautet, dass sich im Populismus zwei Prozesse bündeln. Der Populismus unserer Gegenwart konfrontiert uns mit der widersprüchlichen Gleichzeitigkeit, aber auch mit dem latenten Zusammenhang von zwei Entwicklungen, die ich *Demokratisierung* und *Entdemokratisierung der Demokratie* nennen möchte. Die erste These, die von der Demokratisierung der Demokratie, lautet, dass wir es zunächst eigentlich mit einer Krise der Repräsentation, nicht aber mit einer Krise der Demokratie zu tun haben. Ganz im Gegenteil: Die Krise der Repräsentation sollte als eine Konsequenz der *massiven Ausweitung* politischer Partizipationschancen verstanden werden, die wir momentan erleben. Die Demokratie ist also »demokratischer« geworden, sie hat sich demokratisiert (siehe dazu die Abschnitte I.1 und I.2).

Zugleich scheint sie auch als Legitimationsprinzip unumstrittener denn je. Ihre institutionelle Umsetzung ist heute in vielen Ländern umfassender gewährleistet als jemals zuvor. Die Unterdrückung der Opposition, die Einschränkung des aktiven wie passiven

Wahlrechts nach Einkommen, Steuerbeitrag, Lesevermögen, Geschlecht, Hautfarbe, Beruf oder anderen Kriterien, indirekte und/oder nichtgeheime (Elster 2015; Przeworski 2015) oder sonst wie manipulierte Wahlen, nichtgewählte Zweite Kammern mit Vetomöglichkeiten gegenüber der Ersten, Monarchen oder Militärräte mit politischen Mitspracherechten etc.: Die zahlreichen praktischen und institutionellen Einschränkungen, gegen die das demokratische Gleichheitsprinzip seit mehr als 200 Jahren zu kämpfen hat, sind in vielen Ländern Schritt für Schritt abgebaut worden (Przeworski 2018, Kap. 3). Und selbst Autokratien – ob das Putins Russland ist, die iranische Theokratie oder Erdoğans Türkei – haben Schwierigkeiten, die Abhaltung von Wahlen zu vermeiden oder das Ergebnis von Wahlen zu ignorieren bzw. zu annullieren: »Die prinzipielle Ablehnung von Wahlen ist zur reinen Minderheitenposition geworden.« (Dunn 2006, S. 131) Einmal gewährt, entwickeln demokratische Freiheiten zudem ein extrem hohes Suchtpotenzial – wie sich aktuell etwa an der enormen Erbitterung zeigt, mit der Hongkongs Bürger ihre politischen Rechte gegen die ausgreifende Unterdrückungsmaschinerie Chinas verteidigen. Das alles spricht also nicht unbedingt für eine Krise der Demokratie – weder als grundlegendes Legitimationsprinzip noch als etablierte Praxis und institutionelles Arrangement gesellschaftlicher Ordnung. Die noch kürzlich allgemein getroffenen Einschätzungen, dass es nun weltweit keine legitime Alternative zur Demokratie als politischer Herrschaftsform mehr gäbe,[5] haben sich ja nicht plötzlich, wie über Nacht, alle als falsch erwiesen.

Es ist aber andererseits nicht zu übersehen, dass sich Befunde eines *backsliding* und einer *democratic recession* häufen, uns in wachsender Zahl Berichte über die zunehmende Einschränkung demokratischer Freiheitsrechte und über den Rückfall in autoritäre Verhältnisse und politische Repression erreichen (Diamond 2015; siehe aber Levitsky/Way 2015): Polen, Ungarn, die Türkei, die Philippinen unter Duterte, Brasilien unter Bolsonaro, Venezuela unter Maduro, Indien unter Modi, die USA unter Trump etc. Es sind vor allem diese beunruhigenden Nachrichten, die sich zum generellen Eindruck einer aktuellen Gefährdung der Demokratie verdichtet haben. Der aktuelle Bericht der Nichtregierungsorganisation Freedom House konstatiert: »Die Demokratie ist auf dem Rückzug« (Freedom House 2019).[6] Bei näherer Betrachtung steht aber im Zentrum dieser Entwicklungen ein paradoxer Befund, nämlich der, dass der Demokratie vor allem von der Demokratie Gefahr zu drohen scheint, weil sie immer häufiger »im Namen der Demokratie« angegriffen wird. Denn auch wenn die neuen populistischen Bewegungen und die neuen populistischen Führerfiguren vieles infrage stellen – die Demokratie nun meistens gerade nicht. Ganz im Gegenteil: Sie geben vor, in ihrem Namen anzutreten, und da genau das in einer breiten Öffentlichkeit als Gefährdung der Demokratie wahrgenommen wird, befinden wir uns in der paradoxen Lage, Krise und Nicht-Krise der Demokratie als gleichzeitige Ereignisse konstatieren zu müssen.[7] Eine Lage, die es näher aufzuklären gilt.

Tatsächlich war es ja genau dieses demokratische Bekenntnis der Populisten, das den niederländischen Politikwissenschaftler Cas Mudde dazu bewog, die neuen rechtspopulistischen Parteien in einem einflussreichen Beitrag von den alten rechtsextremen, neofaschistischen Antisystemparteien abzugrenzen, die es natürlich immer gegeben hat und die es vermutlich immer geben wird (Mudde 2007, vgl. auch Mudde 2010). Dasselbe trifft für den Linkspopulismus zu, der ja auch – anders als die orthodoxe Linke früher – keine Diktatur des Proletariats mehr errichten will, sondern sich vielmehr die grundsätzliche Korrektur eines, aus seiner Sicht, plutokratisch verfälschten Systems zum Ziel genommen hat, der vielleicht die Abschaffung des Kapitalismus befürwortet, aber eben nicht die Abschaffung der Demokratie.[8]

Diese Referenz der Populisten auf eine angeblich »wahre« und momentan »vom politischen Establishment« verfälschte Demokratie ist also ein zentraler Teil der Definition dessen, um was es geht:

> Es ist bemerkenswert, dass im frühen 20. Jahrhundert Nationalismus und Sozialismus Erscheinungsformen eines antidemokratischen Extremismus waren, während zu Beginn des 21. Jahrhunderts die Populisten zumeist demokratisch, aber antiliberal sind. Daran zeigt sich zumindest, dass die Demokratie (Volkssouveränität und das Mehrheitsprinzip) nun hegemonial ist, während das für die liberale Demokratie – die Minderheitenschutz, Rechtsstaatlichkeit und Gewaltenteilung hinzufügt – nicht gilt. (Mudde 2018)

Die neuen populistischen Parteien sind sicherlich antiinstitutionell, im Regelfall Gegner der repräsentativen Demokratie, sie sind aber eben nicht antidemokratisch (vgl. Moulin-Doos 2017; Przeworski 2019, S. 134f.) – beziehungsweise müssten diejenigen, die ein solches Urteil fällen, sehr viel präziser angeben, wo und wie genau der beständige Appell an die Volkssouveränität eigentlich ins Antidemokratische kippt. Nicht zuletzt wird man dem Umstand Rechnung tragen müssen, dass die Populisten gewählt und häufig sogar wiedergewählt werden. Dabei lässt sich kaum überzeugend argumentieren, hier handele es sich jeweils um demokratische Mehrheiten, die den Auftrag zur Abschaffung der Demokratie erteilt hätten – also um Selbstentmündigungsmehrheiten. In der letzten Welle des *World Value Survey* (2010-2014) gaben in den USA lediglich 1,1 Prozent der Befragten an, Demokratie sei »absolut unwichtig«, 60,6 Prozent halten sie dagegen für »sehr« oder »absolut wichtig«.[9] Wie wollte man da die 46,1 Prozent der Stimmen, die Trump 2016 erhielt, als Mandat für die Zerstörung der Demokratie verstehen? Zugleich ist es sowohl methodisch wie demokratietheoretisch problematisch, eine ganz spezifische Wählerschaft für systematisch getäuscht, verführt, letztlich unzurechnungsfähig und/oder grundlegend moralisch defizient zu erklären.

Das Argument, eine »illiberale Demokratie« (Viktor Orbán) sei überhaupt keine Demokratie, ist sehr überzeugend (Müller 2019, S. 122-136). Aber das Argument, dass der Liberalismus in vielen seiner heutigen Ausprägungen undemokratisch geworden ist, ist es nicht weniger. Wir müssen beides betrachten, wenn wir von der Krise der Demokratie sprechen, sowohl »dass gewisse vermeintlich demokratische Kräfte die Rechtsstaatlichkeit untergraben« wie auch dass »gleichzeitig gewisse vermeintlich liberale Kräfte die Volkssouveränität aushöhlen« (Mor 2019, S. 69). Beide Entwicklungen müssen in den Blick genommen werden, nicht aus Gründen irgendeiner Ausgewogenheit, sondern weil sie offensichtlich unabhängig voneinander nicht zu verstehen sind. Denn es scheint plausibel, im Populismus »im Wesentlichen eine illiberale demokratische Antwort auf undemokratischen Liberalismus« zu sehen (Mudde/Kaltwasser 2019, S. 172; vgl. Mounk 2018). Es ist kein Relativismus, kein irregeleiteter *bothsideism*, wenn man konzediert, dass jeweils ein tatsächliches Demokratieproblem angesprochen ist. Die Lager zeigen – mit einer gewissen Berechtigung – auf die Fehlentwicklungen der Gegenseite, um ihre eigene Agenda zu legitimieren: »Demokratur« à la Orbán auf der einen versus postpolitische Juristokratie auf der anderen Seite.[10] Dabei bezieht man sich dann auch, meist implizit, auf unterschiedliche Demokratiedefinitionen. Umso dringender erscheint der Bedarf nach einer Politischen Theorie des Populismus, einer Demokratietheorie des Populismus.

Aber selbst wenn der gegenwärtige Konflikt vor dem Hintergrund des bekannten Spannungsverhältnisses zwischen Liberalismus und Volkssouveränität interpretiert (vgl. Mouffe 2018 [2000]) und nicht einfach nur als Konflikt zwischen Demokraten und Antidemokraten simplifiziert wird, bliebe zu klären, wie dieses ja nun nicht neue Spannungsverhältnis sich zuletzt in einen so fundamentalen Konflikt verwandeln konnte. Hier setzt die Demokratisierungsthese an: Sie behauptet, dass die Krise der Repräsentation eine andere, instabilere Form von Demokratie freisetzt. Das ist eine Frage, die sich für die Demokratie seit 1789 immer wieder gestellt hat und die immer nur temporär beantwortet werden konnte: ob und wie die demokratische Revolution die von ihr ausgelöste politische Dynamik wieder einzufangen vermag. Repräsentation war eine solche Einhegung, sie selbst ist aber eine »labile Formel«, die mal eher »oligarchisch«, mal eher »populär« ausformuliert werden kann (Gauchet 1991, S. 24). Das Verhältnis von Volkssouveränität und Liberalismus ist daher abhängig von unterschiedlichen Beschleunigungsraten und Hitzegraden der Politik aufgrund des unterschiedlichen Ausmaßes ihrer institutionellen Zähmung.

Repräsentation als Prinzip bedarf einer Repräsentation als Praxis – und die ist offenkundig in der Krise. Einerseits scheint ein vehementer demokratischer Impuls gegen die zunehmende Substitution von Politik durch Recht aufzubegehren, dagegen, dass eine Rhetorik der Rechte bestimmte gesellschaftliche Interessen von den Unwägbarkeiten der Demokratie abzuschirmen sucht (Hirschl 2007). Diese zunehmende Substitution ist zugleich selber ein wichtiger Grund für die Entwertung kollektiver Organisationsformen des Politischen. Andererseits ist der Bedeutungsgewinn des

Rechts wohl auch gerade als Versuch zur Eindämmung einer demokratischeren Demokratie zu verstehen. Ein Unterschied zu gängigen Deutungen der gegenwärtigen Lage würde darin liegen, dass der Liberalismus in dieser Lesart nicht nur als passives, selbst ganz bewegungsloses und weitgehend unschuldiges Opfer einer Bedrohung durch wundersam wiedererstarkte und dabei in ihrer Herkunft reichlich ominös bleibende »illiberale Kräfte« erscheinen würde. Es ist nicht nur so, dass ein neuer, roher demokratischer Impuls den Liberalismus bedroht (vgl. Jörke/Nachtwey 2017; Krastev/Holmes 2019; Müller 2019; Zielonka 2019), sondern dass zugleich ein expansiver Liberalismus die Demokratie substantiell beschränkt (vgl. Chamayou 2019; Slobodian 2019; Mounk 2018) oder gar »zerstört« (Brown 2015) und dass das eine Phänomen ohne das andere wohl nicht zu verstehen ist.

Das leitet über zur zweiten Diagnose, der einer Entdemokratisierung der Demokratie (siehe unten Teil II). Sie mündet in die These, dass der grundsätzliche Konflikt, der unsere Zeit zu charakterisieren scheint, auch als paradoxe Folge der alternativlosen Durchsetzung der Demokratie zu verstehen ist. Sie hat zum Wiedereintritt der Unterscheidung demokratisch/undemokratisch in die demokratische Auseinandersetzung selbst geführt. Was vorher das Außenverhältnis der Demokratie bestimmte – und sie dadurch stabilisierte –, nämlich die Abgrenzung zur Nicht-Demokratie, tritt in der Gegenwart in ihrem Binnenverhältnis wieder auf und destabilisiert sie, weil nun die Vorstellung um sich greift, die Antidemokraten seien nicht die anderen, sondern mitten unter uns. Vormalige Reibungswärme wird nun zu »innerer Hitze«. Die Krise der Repräsentation, also der Funktions- und Legitimationsverlust bewährter Artikulations- und Repräsentationsinstanzen (der politischen Parteien, der Parlamente, der Presse) hat diesen Re-entry befördert, der den politischen Streit zunehmend von einem Streit *innerhalb* der Demokratie zu einem *über* die Demokratie hat werden lassen. Ein solcher Streit ist aber demokratisch kaum zu führen, nicht zuletzt deswegen, weil sich beide Seiten gleichermaßen auf die Demokratie, wenn auch auf ganz unterschiedliche Konzeptionen von ihr, berufen. Unter diesen Voraussetzungen setzt der Streit über die Demokratie zwangsläufig Dynamiken der »Feindschaft« zulasten von historischen Errungenschaften der »Gegnerschaft« frei. Diese Dynamiken unterminieren den Gleichheitsanspruch der Demokratie als zentrale Prämisse des friedlichen politischen Konflikts. Damit aber führen die wechselseitigen Beschuldigungen, führt der gegenseitige argumentative Ausschluss zu einer wirklichen Krise der Demokratie. Das wirkt insbesondere deswegen so zerstörerisch, weil – und das ist der zweite Aspekt der Entdemokratisierungsdiagnose – der entscheidende Referenzrahmen, in Bezug auf den sich demokratische Gleichheit einfordern und begründen lässt, in den letzten Jahrzehnten zunehmend an Bedeutung verloren hat: der Staat und die Infrastruktur seiner Institutionen.

Das läuft also auf widersprüchliche Befunde hinaus: Nicht-Krise und Krise der Demokratie, Demokratisierung und zugleich Entdemokratisierung der Demokratie – eine Widersprüchlichkeit, die nicht nur auf unterschiedliche Verwendungsweisen des Demokratiebegriffs zurückzuführen ist, sondern vor allem auch auf die unterschiedlichen politischen Agenden, die hinter den Selbstverständlichkeiten der Begriffsverwendung stecken. Handelt es sich bei der Demokratie um ein grundlegendes Legitimationsprinzip (»Volkssouveränität«) oder um ein bestimmtes institutionelles Ensemble (»verantwortliche Regierung«; Tuck 2015, siehe unten Abschnitt I.1)? Geht es um einen umfassenden Wertekatalog oder nur um eine simple Entscheidungsregel (Dunn 2006)? Unsere paradoxe Situation sieht die Demokratie gegen die Demokratie antreten, die direkte gegen die repräsentative Demokratie, die »illiberale« gegen die liberale Demokratie, vielleicht auch: »the people vs. democracy«. So plausibel und einleuchtend es ist, den Konflikt mit diesen Begriffen zu beschreiben, so wenig sind wir doch in der Lage, seine Ursachen zu verstehen, solange wir uns nicht den Gründen zuwenden, warum und in welcher Hinsicht eigentlich die hergebrachten demokratischen Repräsentationsverfahren in die Krise geraten sind (siehe unten Abschnitt I.2).

Denn in der Demokratie ist der Erfolg des einen Lagers das Versagen des anderen. Das Erstarken der Ränder ist das Versagen der Mitte, der Erfolg der Antidemokraten das Versagen der Demokraten. Wie man es auch dreht und wendet, der Punkt bleibt derselbe – pointiert formuliert: Die Populisten sind nicht das Problem der repräsentativen Demokratie. Sie zeigen nur an, dass sie eines hat. »Don't shoot the messenger«, formulierte einst eine politische Weisheitslehre. Momentan scheinen sich jedoch alle auf den Überbringer der schlechten Nachricht einzuschießen. So richtig und wichtig das politisch auch sein mag, so sollte doch die Nachricht selber darüber nicht vergessen werden. Sie lautet: Die Demokratie, wie wir sie bislang kannten, funktioniert nicht mehr richtig – »andernfalls gäbe es keine populistische Gegenbewegung« (Runciman 2020, S. 72). Man wird die (repräsentative) Demokratie gegen ihre Herausforderer schlecht verteidigen können, wenn man ihre gegenwärtigen Schwächen nicht thematisiert, weil man sich darin eingerichtet hat, Ursache und Folge zu verwechseln.

Die Entdemokratisierung der Demokratie ist also nur eine andere Betrachtungsweise der Demokratisierung der Demokratie. Ich skizziere im Folgenden, was ich unter diesen beiden Prozessen verstehe, und beginne mit derjenigen Diagnose, die angesichts der zahlreichen Postdemokratie- oder »End of democracy«-Befunde, die in der letzten Zeit formuliert worden sind (Crouch 2008; Guéhenno 1998; Levitsky/Ziblatt 2018; Runciman 2020),[11] überraschend klingen mag, nämlich mit der These, dass wir es gegenwärtig mit einer Demokratisierung der Demokratie zu tun haben. Entwickelt wird diese These im ersten Schritt anhand der Rekonstruktion der Debatte des späten 18. und frühen 19. Jahrhunderts über die – politische und ökonomische – Rolle des Pöbels (Abschnitt I.1). Diese Rekonstruktion soll veranschaulichen, dass Repräsentation zunächst insbesondere Exklusion bedeutete – und die gegenwärtige Krise der Repräsentation mithin den Zusammenbruch bisheriger Ausschlussmechanismen mit sich bringt. Anschließend schildere ich, wie die Krise einer zentralen Repräsentationsinstanz, die der politischen Partei, sich in eine Krise der repräsentativen Demokratie als solcher übersetzt (Abschnitt I.2). Man kann diesen ersten Teil unter die Überschrift »Aufstieg und Niedergang der politischen Repräsentation« stellen.

Um Missverständnissen vorzubeugen, möchte ich gleich zu Beginn betonen, dass die Demokratisierungsthese ohne jede Wertung ist – eine »demokratischere« Demokratie wird hier nicht als per se als »bessere« Demokratie verstanden, schon gar nicht als eine besser funktionierende Demokratie. Der Begriff der Demokratisierung ist im Folgenden rein analytisch, nicht normativ gemeint. Er bezeichnet schlicht die Ausweitung von Partizipationschancen bzw. den Kollaps tradierter Exklusionsmechanismen.[12]

Was dann im daran anschließenden Teil den Prozess der Entdemokratisierung der Demokratie anbetrifft, so betone ich zunächst in Abschnitt II.1 die negativen Folgen, die sich ergeben, wenn die Unterscheidung demokratisch/undemokratisch in die demokratische Auseinandersetzung zurückgespeist wird – als paradoxe Folge des Sieges der Demokratie über alle alternativen Formen der Herrschaftslegitimation. Schließlich argumentiere ich in Abschnitt II.2, dass die Demokratie antiuniversalistisch ist und sein muss beziehungsweise dass der Universalismus antidemokratisch ist und sein muss. Und auch darin kann eine gegenwärtige Tendenz zur Selbstzerstörung der Demokratie gesehen werden, nämlich dass der demokratische Impuls die Politik andauernd über ihre staatliche Form hinaustreiben will.

I. Die Demokratisierung der Demokratie

1. Pöbel und Volk

> See, from the shades, on tidy pinions swell,
> And rise, the young DEMOCRACY of hell!
> *David Humphreys 1786/87*[1]

Die Demokratie war bis vor Kurzem äußerst schlecht beleumundet. »Demokratie war ein Paria-Wort« (Dunn 2005, S. 71). »Bis vor Kurzem« heißt für unseren Zusammenhang »bis weit ins 19. Jahrhundert hinein«:

> Demokratie war einmal ein schlimmes Wort. Wer überhaupt etwas darstellte, der wußte auch, daß die Demokratie in ihrem ursprünglichen Sinn – als Herrschaft des Volkes – etwas Schlechtes sein würde, tödlich für die Freiheit des einzelnen und für alle Annehmlichkeiten zivilisierten Lebens. Das war die Einstellung fast aller gebildeten Menschen seit frühester Zeit bis vor etwa hundert Jahren. Dann, innerhalb von fünfzig Jahren, wurde aus der Demokratie eine gute Sache. (Macpherson 1967, S. 7)

Dass Demokratie recht plötzlich, und vor nicht allzu langer Zeit, von einem »schlimmen Wort« zu einer »guten Sache« wurde, heißt natürlich nicht, dass sich mit dem Begriff oder der Idee auch die Demokratie selbst sofort durchgesetzt hätte. Dass auch einige der heute als etabliert geltenden Demokratien des Westens das universale Wahlrecht erst nach dem Zweiten Weltkrieg vollständig gewährleisteten (oder gar noch später, etwa was den faktischen Ausschluss der Afroamerikaner von Wahlen in den Südstaaten der USA bis in die sechziger Jahre betrifft), würde es als plausibel erscheinen lassen, die volle institutionelle Entfaltung und Etablierung der Demokratie nicht vor der zweiten Hälfte des 20. Jahrhunderts anzusetzen. Eine solche Datierung könnte sich auch auf das erst 1945 bzw. 1989 endgültig offenbar werdende Scheitern der fundamentalen Demokratiealternativen von rechts (Faschismus) und links (Kommunismus) oder darauf berufen, dass sich erst mit der Dekolonialisierung das Prinzip des Selbstbestimmungsrechts der Völker im größeren Maßstab durchsetzen konnte, wenngleich es, daran erinnert das Geschehen in Katalonien oder im Fall der syrischen Kurden auf jeweils unterschiedliche Weise, ein vertracktes Prinzip bleibt (Fisch 2010). Demokratie wird also, recht besehen, erst in jüngster Zeit eine politische Form, auf die sich Gesellschaften wie selbstverständlich berufen – auch wenn das Prinzip selbst natürlich bereits unumstritten geworden war, weit bevor es sich dann auch praktisch verwirklicht fand.

Zuvor aber, vor dem Durchbruch der Demokratie *als Idee*, bezeichnete der Begriff eine Verfallsform politischer Herrschaft. Man dachte weiterhin in den von Aristoteles vorgezeichneten Bahnen. Demokratie galt als instabile, korrupte, impulsive Herrschaftsform. Sie appelliere, so hieß es, an die niederen Instinkte, prämiere eine Politik der *instant gratification*, gebe der Menge, was sie will, ohne dafür Sorge zu tragen, ob die Menge denn überhaupt das Richtige will. Sie habe keinen Platz für Reflexion, kluge Abwägung oder unangenehme Wahrheiten: »Demokratie basiert auf Schmeichelei und Lügen: Demokratische Politiker bestätigen das Publikum in dem, was es glauben möchte, statt ihm zu sagen, was es hören müsste.« (Runciman 2015, S. 7) Demokratie = Demagogie. Die Menge – flatterhaft in ihrem Urteil, unbeständig in ihrer Haltung, niedrig in ihren Begierden, einfach zu verführen und zu manipulieren, wie eine Marionette in den Händen der Demagogen, launisch, tumultuös, dumm – erschien völlig unfähig zur Herrschaft.[2] Demokratie, das sei der Despotismus der reinen Zahl (»despotism of King Numbers«), in Wirklichkeit eine Mobokratie, »die Herrschaft der Niedrigsten über die Besten«. Demokratie inauguriere die »Suprematie der Ignoranz über die Bildung, der Zahlen über das Wissen« (Walter Bagehot), sie etabliere die Herrschaft der »tumultuösen Mengen der verlottertsten Personen in der Gemeinschaft (die zudem stets so vorlaut sind, sich als *das Volk* zu bezeichnen)« (zitiert nach Laniel 1998, S. 90).[3]

Demokratie, so die seinerzeit dominante Auffassung, sei eine Gefahr für das Gemeinwesen, eine Form der Klassenherrschaft, die sich mit einer bürgerlichen Eigentumsordnung nicht vertrage, und damit eben ein Feind »alle[r] Annehmlichkeiten eines zivilisierten Lebens« (siehe oben). In diesem Urteil finden wir auch diejenigen vereint, die wir heute als Wegbereiter demokratischer Verfahrensformen ansehen: »Demokratien [haben] immer den Schauplatz für Unruhen und Streitigkeiten abgegeben, sind stets als unvereinbar mit den

Erfordernissen der persönlichen Sicherheit oder den Eigentumsrechten betrachtet worden« (Madison 1993a [1787], S. 97). Hier herrschten »Männer ohne Besitz«, folglich »Männer ohne Prinzipien« (»men without property«, also »men without principles«). Die Demokratie, immer in Gefahr, zu einer völlig kopflosen Veranstaltung zu werden (»a Beast without a head«, William Hooper, zit. n. Laniel 1998, S. 64), war gleichbedeutend mit Unruhe und Unordnung, mit der unberechenbaren Herrschaft derer, die sich nicht beherrschen können.[4]

Noch am Vorabend der Französischen Revolution lautete die weithin geteilte Sicht: »Demokratie ist ein Staat, in dem der Plebs, zu seinem eigenen größtmöglichen Nutzen, das Wohl und die Ruhe der Gemeinschaft vernachlässigt« (Friedrich Christian Baumeister 1758, zit. n. Maier 1972, S. 842). Und in Reaktion auf die Französische Revolution sah jemand wie Edmund Burke wenig Veranlassung, dieses Urteil zu revidieren – ganz im Gegenteil. Für Burke hatte das Geschehen in Frankreich nun endgültig bewiesen: »[E]ine vollkommene Demokratie [ist] das schamloseste aller politischen Ungeheuer« (Burke 1793 [1790], S. 147).

Daher wollten die französischen wie die amerikanischen Revolutionäre zunächst auch ganz explizit keine Demokraten, sondern vielmehr Republikaner sein (Dunn 2005). Für jemanden wie James Madison war es von zentraler Bedeutung, den Unterschied zwischen einer Demokratie und einer Republik zu betonen und zu versichern, das Hauptcharakteristikum der amerikanischen Republik bestehe darin, dass »das Volk in seiner Eigenschaft als Kollektiv von jedem Anteil an der Regierung ausgeschlossen« bleibe (Madison 1993b [1787], S. 381). Das war in Frankreich zunächst nicht viel anders. D'Argenson unterschied zwischen falscher und richtiger beziehungsweise legitimer Demokratie, und für die falsche galt:

> Die falsche [*fausse*] Demokratie verfällt schnell der Anarchie. Es ist die Regierung der Vielen: wie ein Volk, das revoltiert und sich noch auf keine festen Prinzipien geeinigt hat, anmaßend ist, und die Gesetze und die Vernunft verachtet. Der tyrannische Despotismus zeigt sich in der Gewalttätigkeit seiner Bewegungen und in der Unberechenbarkeit seiner Verhandlungen. (D'Argenson 1764, S. 6f.)

Im Gegensatz dazu garantiere die wahre und gute Demokratie auf ihre Weise »den vollständigen Ausschluss des Volkes von jeder Machtausübung«, nämlich durch Repräsentation: »Dans la véritable Démocratie, on agit par Députés. Ces Députés sont autorisé par l'élection du Peuple.« (Ebd., S. 7; vgl. Dunn 2005, S. 93-100) Es war die Idee einer repräsentativen Demokratie, in der die Deputierten, vom Volk gewählt, im Auftrag des Volkes, an seiner Stelle und in seinem Namen entscheiden, die sich nun durchzusetzen begann und die perhorreszierte Vorstellung von der unmittelbaren Volksherrschaft, der »reinen« Demokratie, abmilderte. Genau hierin lag in den Augen von James Madison auch der zentrale Unterschied zwischen einer reinen Demokratie und einer Republik, nämlich im »Prinzip der Repräsentation« (Madison 1993b [1787], S. 380). Die Republik reinigt den

Willen des Volkes durch Repräsentation. Der entscheidende Unterschied zur Demokratie bestehe in der »Übertragung der Regierungsverantwortung in der Republik auf eine kleine Zahl von Bürgern, die von den übrigen gewählt werden« (Madison 1993a [1787], S. 98), und das garantiere, im Unterschied zu den Unwägbarkeiten der reinen Demokratie, »die Herrschaft der Besten über die Schlechtesten« (James Allen, zit. n. Laniel 1998, S. 91). So sah es auch Edmund Burke: Repräsentation bedeutete für ihn eine »Verfeinerung der ›rohen‹ Demokratie auf der Grundlage politischer Arbeitsteilung, wie sie der Prozess der elektoraten Filterung garantiert« (zit. n. Bourke 2017, S. 233f.). Echte Souveränität des Volkes sei nur vorstellbar als »Funktion einer konstitutionellen Regierung«, so Burke (ebd., S. 215).

Aber:

> [N]icht erst die Exzesse der Französischen Revolution haben zu Theoriebildungen geführt, die das Staatsvolk als ideelle Entität und *pouvoir constituant* sehr sorgsam vom empirisch vor Augen stehenden Volk als erregter Masse, als Pöbel, als einer zu Lynchjustiz, Massenhysterie und Diktatur der Mehrheit tendierenden und unberechenbaren politischen Größe abzuheben versuchen. Regierung *für* das Volk im Rahmen einer konstitutionellen und rechtsstaatlichen Ordnung ist insoweit Regierung *gegen* das Volk [...]. (Koschorke 2018, S. 6)

Insofern ist es zutreffend, wenn Jacques Rancière feststellt: »Ihrem Ursprung nach ist die Repräsentation eigentlich das genaue Gegenteil der Demokratie« (2011, S. 80). Den latenten Zynismus dieses institutionellen Arrangements sprach Antoine Rivarol offen aus: »Es gibt zwei Wahrheiten, die auf dieser Welt nie getrennt werden dürfen: Die eine lautet, dass die Souveränität beim Volk liegt; die zweite lautet, dass das Volk sie nie ausüben darf.« (Zit. n. Priester 2012, S. 51) Der Abgeordnete Clermont-Tonnerre bemerkte im Hinblick auf die französische Verfassung von 1791: »Das ist die vielleicht ingeniöseste politische Erfindung, eine Nation zum Souverän zu erklären und ihr zugleich jeden Gebrauch ihrer Souveränität zu untersagen. Just darauf läuft die Annahme einer repräsentativen Verfassung hinaus.« (Zit. n. Rosanvallon 2000, S. 18)[5]

In dieser Hinsicht bestand transatlantischer Konsens. Auch für die amerikanischen Revolutionäre war klar: »Lasst uns das Prinzip bestätigen, dass die Regierung vom Volk ausgeht; aber lasst uns zugleich die Menschen lehren, dass sie sich nicht selbst regieren können.« (John Belknap, zit. n. Laniel 1998, S. 73, Fn. 1) Die Widersprüchlichkeit dieser neuen Ordnung ließ sich natürlich trefflich ins Lächerliche ziehen. Ein Reaktionär wie Joseph de Maistre rechnete vor: Solle jeder männliche Franzose die Chance erhalten, auch nur für eine Periode Mitglied der neugeschaffenen Volksversammlung zu werden, so müsse er im Durchschnitt 3500 Jahre auf diese Gelegenheit warten. »Man ist in tiefes Erstaunen gestürzt angesichts der unglaublichen Zahl an ›Souveränen‹, die sterben müssen, ohne je regiert zu haben« – so de Maistres beißender Spott (vgl. de Maistre 1884 [1794], S. 312; Garsten 2017, S. 237f., mit abweichender Zahlenangabe). Folglich erschien den Kritikern die repräsentative Demokratie als ein Schauplatz,

»auf dem das Volk sich auf seine eigenen Kosten eine allzutheure Komödie aufführen lässt« (Justus Fröbel, zit. n. Blättler 1995, S. 235f.).

Die Frage der Demokratie lautete also zunächst, wie das Volk regiert, ohne dass das Volk regiert. Die Maxime lautete: »Das Volk sollte an der Volksregierung nicht beteiligt sein.« (Canovan 2005, S. 107) Die Lösung dieses Problems, nämlich Repräsentation, konnte man mit guten Gründen für eine aristokratische halten (Manin 1997), insbesondere da ja eine »echte« Demokratie eigentlich gleichbedeutend mit Anarchie war. Für John Adams bedeutete Demokratie nichts anderes, als dass ein Volk über gar keine Regierung verfügt: »In Wirklichkeit bedeutet das Wort ›Demokratie‹ nicht mehr und nicht weniger als eine Nation von Menschen ohne jegliche Regierung.« (Zit. n. Laniel 1998, S. 65)[6] Echte Demokratie sei also in Wirklichkeit Anarchie, die repräsentative Demokratie hingegen gar keine Demokratie, sondern eigentlich Aristokratie. Joseph de Maistre resümierte knapp: »Das Volk, so sagt man, übt seine Souveränität vermittels seiner Repräsentanten aus. Man beginnt das zu verstehen. Das Volk ist ein Souverän, der seine Souveränität nicht ausüben kann.« (De Maistre 1884 [1794], S. 312)

Volk und Pöbel

Demokratische Repräsentation war also ursprünglich die Lösung eines Problems, das »Pöbel« oder »Menge«

heißt. Sie erlaubte es, zwei Unterscheidungen zur gleichen Zeit zu vollziehen: die zwischen Repräsentanten und Repräsentierten und die zwischen Repräsentierbarem und Nicht-Repräsentierbarem. Das aber etablierte zwei potenzielle politische Bruchlinien. Einerseits den Verdacht, dass die Repräsentanten die Interessen der Repräsentierten vergessen oder vernachlässigen oder diejenigen, die zu repräsentieren sie beauftragt sind, sogar verachten. Aber es geht nicht nur um diese beständige Möglichkeit einer Repräsentationslücke – »das repräsentative Regierungssystem, wie wir es kennen, lässt eine ›Lücke‹ zwischen Regierenden und Regierten, so dass das Volk, obwohl es repräsentiert wird, ausgeschlossen bleibt« (Canovan 2005, S. 107) –, sondern auch um die Frage, was in der Demokratie als repräsentierbar eingeschlossen und was als nichtrepräsentierbar ausgeschlossen werden muss. Als Antwort auf Vorbehalte gegen die »Volksherrschaft«, die Urteile über die Unzuverlässigkeit der Menge waren schließlich nicht über Nacht verschwunden, nahm die Demokratie zugleich eine Zweiteilung des Volkes vor, und zwar in einen repräsentierbaren und einen nichtrepräsentierbaren Teil, so dass das Recht, sich Gehör zu verschaffen, mit einer schützenden Schwelle normativer Bestimmungen versehen werden konnte.

In dem neuen demokratischen Diskurs des späten 18. und frühen 19. Jahrhunderts wird Volk zunächst eher als transzendentales Prinzip denn als konkretes Handlungssubjekt angerufen: »We the people«. Volkssouveränität ist erst einmal eine abstrakte Referenzgröße in einem politischen Legitimationsdiskurs (Kielmansegg 1977), ohne dass schon eine genaue Vorstellung darüber bestanden hätte, wie sie konkret ausgestaltet werden sollte. Und hinter diesem abstrakten Legitimationskonzept verschwindet das konkret vorgestellte gemeine Volk, der Plebs oder der Pöbel, als politische Größe. Politische Abstraktion ersetzt soziale Konkretion, zumal ja mit Volk vor allen Dingen die idealtypisch imaginierte Nation gemeint war und keine umfassend inklusive Gesellschaft: »Das Volk ist nicht der Pöbel [*the rabble*], sondern setzt sich zusammen aus allen Einwohnern des Landes.« (Zit. n. Laniel 1998, S. 89) In Artikel 7 der französischen Verfassung von 1793 heißt es erläuternd: »Das souveräne Volk ist die Gesamtheit der französischen Bürger.« Das antwortete auf die Vorbehalte gegenüber »the rabble«. Der Volksbegriff spaltet sich also, im Zuge der Durchsetzung der demokratischen Idee, im 18. Jahrhundert in zwei Konzepte – ein niedriges: Pöbel, ein hohes: Nation.

Schon bei Bodin gab es ein *peuple en corps* und ein *menu peuple*, also schlicht eine Gemengelage, »das gemeine Volk, das von der politischen Macht auszuschließen die Weisheit nahelegt« (Agamben 2001, S. 32) – und auch bei Hobbes findet sich die Entgegensetzung von *multitudo* (*crowd*) und der erst durch Repräsentation bewerkstelligten Einheit.[7] Im Übergang von der alten Ordnung in die neue Gesellschaft ist das ein zentrales Problem. In Klopstocks *Deutscher Gelehrtenrepublik* ist die unbedingt für notwendig erachtete Absonderung des Pöbels vom Volk noch in der Begrifflichkeit der Ständegesellschaft gedacht. Dem Pöbel, sozusagen dem Pöbelstand, wird nämlich zunächst noch ein Platz in der Ständeversammlung zugewiesen, wenn auch am Narrensaum:

> Wir müssen auch, weil dieses einmal nicht zu ändern ist, Pöbel unter uns dulden. Dieser hat sich fast auf jedem Landtage über seine Benennung beschwert. Man hat ihm zu seiner Beruhigung verschiedne andre Benennungen angeboten als: Das geringe Volk, der grosse Haufen, der gemeine Mann; aber er hat damit nie zufrieden seyn, sondern immer: Das grosse Volk heissen wollen [...]. Er hat keine Stimme auf den Landtagen; aber ihm wird ein Schreyer zugelassen, der so oft man nach einer Stimmensamlung ausruht, seine Sache recht nach Herzens Lust, doch nur eine Viertelstunde lang, vorbringen darf. Er ist gehalten einen Kranz von Schellen zu tragen. Nach geendetem Landtage wird er allezeit Landes verwiesen. (Klopstock 1774, S. 79)

Dass der Pöbel schreit, ist eine übereinstimmende Charakterisierung, und deswegen darf er keine Stimme erhalten. Ihm wird nur etwas Zeit für folgenloses Ausagieren eingeräumt.

Der politische Grund des Ausschlusses stellt auf das politische Verhalten selber ab, und politische Legitimation wird somit rekursiv begründet. Für Kant rechtfertigt das unbürgerliche Verhalten den Ausschluss von der politischen Teilhabe:

> Unter dem Wort Volk (populus) versteht man die in einem Landstrich vereinigte Menge Menschen, in so fern sie ein Ganzes ausmacht. Diejenige Menge oder auch der Teil derselben, welcher sich durch gemeinschaftliche Abstammung für vereinigt zu einem bürgerlichen Ganzen erkennt, heißt Nation (gens); der Teil, der sich von diesen Gesetzen aus-

> nimmt (die wilde Menge in diesem Volk), heißt Pöbel (vulgus), dessen gesetzwidrige Vereinigung das Rottieren (agere per turbas) ist; ein Verhalten, welches ihn von der Qualität eines Staatsbürgers ausschließt. (Kant 1977 [1798], S. 658f.)

Das weitet sich zur Vorstellung des allgemein Unrepräsentierbaren aus, inklusive der Bedeutung des Unkontrollierbaren – »Rottieren«, »agere per turbas«, sich zusammenrotten, die konkrete, bedrohliche Menge oder Meute. Zur Grundlage eines »bürgerlichen Ganzen« wird die wechselseitige Anerkennung: Der Staat erkennt den Bürger als Staatsbürger an, vorausgesetzt, dieser erkennt als Staatsbürger den Staat an.

Bei Hegel ist derselbe Ausschluss in den Begrifflichkeiten der Arbeit gefasst, also in den Zusammenhang der bürgerlichen Gesellschaft gestellt. Die politische Trennung zwischen Pöbel und Volk wird hier ökonomisch begründet: »[D]ie bürgerliche Gesellschaft spaltet sich in jene, die in ihr ihre Arbeit und ihren Platz in einem Stand finden, und in jene, die bloße Privatpersonen sind; die Privatpersonen spalten sich in Arme und [Reiche, PM]; die Armen spalten sich in Arme und armen Pöbel« (Ruda 2011, S. 95).[8] Ende des 18., Anfang des 19. Jahrhunderts, also genau zu der Zeit, als sich politisch der positive Volksbegriff als Nation etabliert, setzt sich zunächst diese Definition durch: Pöbel ist, was »außerhalb der Ehren der Arbeit« steht (Riehl 1862, S. 263). »Wer vom Pöbel ist, der will umsonst leben«, heißt es dann später auch bei Nietzsche (Nietzsche 1966 [1883], S. 446; vgl. Marti 1993). Der Pöbel ist das, was der »Arithmetik des Tauschs entwischt« (Rancière) und damit dem zentralen Prinzip der bürgerlichen Gesellschaft – der Arbeit – widerspricht und sie dadurch infrage stellt. Ob bei Hegel oder bei Sieyès, die Betonung der Arbeit dient der doppelten Delegitimierung der alten Ordnung, nach oben wie nach unten: armer, reicher Pöbel, weil das Bürgertum sich als allein produktiv darstellen kann. Mit der Ableitung politischer Gleichheitsforderungen aus dem produktiven Status privatautonomer Wirtschaftssubjekte war jedoch schon in verhängnisvoller Weise angelegt, dass die Universalisierung der Werte ihre besondere Legitimation aus der Universalisierung der Märkte ziehen würde. Die heutige Parallele kapitalistischer Ausgreifbewegungen und individueller liberaler Ermächtigungssemantiken hat hier ihren Ursprung (siehe unten Abschnitt II.2).

Die Abwertung des Pöbels als außerhalb der Ehre der Arbeit stehend lässt jedoch nur die Widersprüchlichkeit der bürgerlichen Gesellschaft manifest werden und verdichtet sich schließlich zur politischen Bedrohung. Die bürgerliche Gesellschaft beruht auf Arbeit, kann sie aber nicht jedem bieten. Conze referiert Hegel: »Damit aber entstehe ein Unrecht. Der Pöbel, der durch eigene Arbeit seinen Unterhalt nicht mehr gewinnen könne, fordere ihn nun als ein Recht« (Conze 1992 [1954], S. 224). Anders formuliert: Der Pöbel ist *die Vorgeschichte* der bürgerlichen Gesellschaft, die noch widersprüchlich in sie hineinragt, in *die Geschichte* der bürgerlichen Gesellschaft nicht zu integrieren ist, sich *dieser Geschichtsschreibung* verweigert (siehe Koschorke 2015, S. 119 und passim). So auch bei Marx und Engels: Das Lumpenproletariat ist »die passive Verfaulung der untersten Schichten der alten Gesellschaft« (Marx/Engels 1976 [1848], S. 472). Anfang des 19. Jahrhunderts ist das die »blutende Wunde« der Gesellschaft, der Pauperismus – ein zudem aufgrund der starken »unterständischen Vermehrung«, sprich durch mangelnde Geburtenkontrolle, die ja die ständische Gesellschaft durch Heiratsverbote noch zu leisten vermochte, »wuchernder Pöbel« –,[9] der sich zu einer sozialrevolutionären Gefahr zu entwickeln scheint.

Und zu etwa dem gleichen Zeitpunkt, zu dem sich (ökonomisch wie politisch) der Pöbel vom Volk abspaltet, spaltet sich ästhetisch das Populäre vom Vulgären als Ausdrucksform des niederen Volks ab (Reschke 1992). Die Inauguration des Volks als neuer Legitimationsinstanz erfordert es geradezu, dessen illegitime Seiten abzuspalten. In der Vorrede zu Herders *Volksliedern* (1779) heißt es: »Volk heißt nicht der Pöbel auf den Gassen, der singt und dichtet niemals, sondern schreyt und verstümmelt.« Insofern ist das gute Volk, an das hier appelliert wird im Kontrast zum gemeinen Volk, zunächst eine reine Elitenfiktion, eine imaginäre Größe, die sich auch nur in seinen durch Eliten bewerkstelligten Repräsentationen manifestiert, sei es in Volkslieder- oder Märchensammlungen, sei es im Parlament. Aber gerade in der Beschäftigung der Eliten mit dieser neuen abstrakten Größe, mit seiner Vermessung und in der Kanonisierung seiner hergebrachten Lieder, Märchen, Sprichworte etc. entsteht das Bild vom *common man*, vom *average best*, wandelt sich die Vorstellung der konkret bedrohlichen Menge in die geschönte Vorstellung einer sozialen Normalität. Der Gedanke an die Herrschaft von *King Numbers* verliert mit der Entdeckung der Normalverteilung etwas von seinem Schrecken:[10] Das Volk, meist (als Menge) als diejenige Größe vorgestellt, die Ordnung unterminiert, wird nun, in völliger Umkehrung der vorherigen Diskurslage, zu derjenigen Größe, die Herrschaft garantiert – solange und insoweit es repräsentiert wird, also eine Form erhält, durch die in seinem Namen gesprochen werden kann. »Alle Regierungsform nämlich, die nicht repräsentativ ist, ist eigentlich eine Unform« (Kant 1964 [1795], S. 207).[11]

Hierzu war aber der Ausschluss des Pöbels nötig. So wie – bei Hegel – der Pöbel das ist, was aus dem »Vermittlungszusammenhang der bürgerlichen Gesellschaft« herausfällt,[12] so ist das Volk als Pöbel das, was aus dem politischen Repräsentationszusammenhang herausfällt, oder so ist das Vulgäre das, was aus dem Zusammenhang der ästhetischen Repräsentation herausfällt. Das vollzieht sich umso leichter, als das Volk ja als allgemeine, abstrakte Legitimationsinstanz keine neue Größe ist: »[D]ie besten Kaiser und Könige und alle edle Menschen haben ja auch immer nur bekannt, daß sie für das Volk da sind und für das Volk und mit dem Volke regieren. Das Volk ist eben so heilig, als der Pöbel unheilig ist« (Arndt 1814, S. 45). Das allgemein angerufene Volk zerfällt also in einen repräsentierbaren (heilig) und einen nichtrepräsentierbaren Teil (unheilig). Im Vordergrund dieser Spaltung steht zunächst die soziale Dimension: Volk bedeutete einerseits die Unterschicht. Aber »wo ›Volk‹ politisch wirksam wird, oder gar den Gesamtwillen repräsentieren soll, bedeutet es das genaue Gegenteil, nämlich die Oberschicht« (Werner 1992, S. 281). Sie war es nun, »die im Namen des ›Volkes‹ im weiteren Sinne sprach und handelte, diesem aber kaum Einfluß gewährte« (ebd.). Politisch meint Volk also eigentlich zunächst: Nicht-Volk.

Wenn man sich den Ausschluss so vorstellt, dass es soziale Trägergruppen gibt, die sich mit Volk und Pöbel assoziieren lassen, und es die Arbeit ist, die dabei als Entscheidungskriterium dient, dann hilft die wirtschaftliche Differenz, eine politische Unterscheidung zu begründen: Wer nicht arbeitet, soll auch nicht herrschen. Der Marxismus schließlich führt die hegelsche Logik fort und radikalisiert sie. Da sich die gesamte Gesellschaft um die »Sonne der Arbeit« dreht, drehen soll, sind diejenigen, die nicht arbeiten (wollen), auch hier eine bleibende Provokation. Das Proletariat ist die *allgemeine* Klasse. Daraus leitet es seinen Herrschaftsanspruch ab (oder, präziser: daraus wird sein Anspruch von Intellektuellen abgeleitet). Das Lumpenproletariat jedoch, aus dem Zusammenhang der Arbeit herausfallend, ohne jegliches politisches Bewusstsein, das sich nur ein »paar flotte Tage machen« will (Engels 1960 [1850], S. 126; vgl. Bescherer 2013), ist tendenziell konterrevolutionär. Bauern aber sind gar keine Klasse – nur eine »Addition gleichnamiger Größen«, »unfähig, ihr Klasseninteresse im eigenen Namen [...] geltend zu machen. Sie können sich nicht vertreten, sie müssen vertreten werden.« (Marx 1960 [1852], S. 199) Aber wie will man einen »Sack Kartoffeln« repräsentieren?

Repression by Representation

Vor der Durchsetzung der Idee der Volksrepräsentation markierte der Begriff »Pöbel« »die verbotene Politisierung des ›gemeinen Mannes‹« (Roman Widder) – das Niedere, das Gemeine, dessen Versuche, sich Geltung zu verschaffen, unzulässige Übertretungen darstellen. Mit der Politisierung dieses gemeinen Mannes muss das Verbotene an ihm unterdrückt werden:

> Bevor es der Name der Gemeinschaft ist, ist *demos* der Name eines Teils der Gemeinschaft: der Armen. Aber genaugenommen bezeichnet »die Armen« nicht den wirtschaftlich benachteiligten Anteil der Bevölkerung, sondern einfach nur die Leute, die nicht zählen, jene, die keinen Anspruch zur Ausübung der Macht der *arche* haben, keinen Anspruch, gezählt zu werden. (Rancière 2008, S. 20)

Das Bemühen um die Repräsentation des Ganzen erfordert die Erklärung der Unrepräsentierbarkeit eines Teils. Damit das Volk regieren kann, muss die Menge ausgeschlossen werden. Das Changieren zwischen politisch-abstrakter und konkret-sozialer Begriffsbedeutung ermöglicht es, dass als »la part des sans-part« (Rancière), als Teil, der nicht teilhat, ein nichtrepräsentierter bzw. nichtrepräsentierbarer Plebs von einem repräsentierten oder repräsentierbaren Volk abgespalten wird – als *great residuum*.

Das ist also die widersprüchliche Anrufung des Volks in der Demokratie: Die Demokratie kann nicht funktionieren, »ohne sich in letzter Instanz auf jene Macht der Unfähigen zu beziehen, die die Macht der Fähigen sowohl begründet wie verneint«. Und sie kann nicht funktionieren, ohne sich auf ein Gleichheitsprinzip zu berufen, das für »das Funktionieren der ungleichheitlichen Maschinerie«, die wir Regierung nennen, notwendig ist (Rancière 2011, S. 82). Der gleichzeitige Ein- und Ausschluss des Volks als Volk und Pöbel steht am Beginn der Demokratie, ist für sie konstitutiv.[13] *Populus* – ein »und derselbe Begriff bezeichnet also sowohl das konstitutive politische Subjekt als auch die Klasse, die von der Politik zwar nicht ›de jure‹, doch ›de facto‹ ausgeschlossen ist«, schreibt Giorgio Agamben, und zwar weil dieser *populus* zweigeteilt wird (2001, S. 31).[14] »Es ist zuerst das Volk, und nicht der König, das einen doppelten Körper hat«, behauptet Rancière (2008, S. 25). Die Zweiteilung des Volkes war zumindest die prozedurale Lösung der repräsentativen Demokratie:

> [E]s ist gerade ein Vorzug dieser Regierungsform, daß vermöge ihrer der Volkswille nicht in seinem ersten und unmittelbarsten, oftmals leidenschaftlichen und unklaren Erguß, sondern erst geläutert, gemäßigt und abgeklärt durch eine Reihe von Mittelstufen und Organen zur Verwirklichung gelangt. (Brockhaus, 10. Auflage von 1852, zit. n. Maier 1972, S. 864)

Repräsentation wird also als Läuterungsprinzip verstanden. Sie erzeugt die Reinheit der Bedeutung. Im Begriff des Volkes wurde damit eine normative Größe installiert, durch die sich Ansprüche abweisen lassen, weil sie die Form ihrer Anerkennung verfehlen. Der Vorteil der (repräsentativen) Demokratie besteht also gerade darin, den Pöbel außen vor zu halten, es ist der Trick der Repräsentation, etwas in der Demokratie beständig Anwesendes abwesend zu halten. Weswegen es auch unsinnig ist zu erwarten, dass die neuen politischen Repräsentativkörperschaften repräsentativ zu sein hätten. Dies nicht zu sein war ja gerade ihre historische Funktion – die schon aus der Auswahl ihres Auswahlmechanismus zwingend resultierte.[15]

Repräsentative Demokratie als Oxymoron?

Trotzdem ist es fraglich, ob man diese Abspaltungen und Normierungen mit Rancière als permanenten demokratischen Selbstwiderspruch verstehen soll. Ist das Politische tatsächlich die beständige Bearbeitung dieses Selbstwiderspruchs? Zunächst heißt es bei Rancière in fast wortwörtlicher Wiederholung der rousseauschen Position: »Die Gesellschaften werden heute nicht anders als früher durch das Spiel der Oligarchien organisiert. Und ebenso wenig gibt es eine demokratische Regierung im eigentlichen Sinne. Vielmehr regiert immer die Minderheit über die Mehrheit.« (Rancière 2011, S. 78) Demokratie – das sei doch nur eine listige Mischung aus Gleichheit und Ungleichheit (John Dunn).[16] Und weiter:

> Dass man die Demokratie völlig selbstverständlich mit einer gewählten, repräsentativen Regierungsform gleichsetzt, ist dagegen ein historisch noch sehr junges Phänomen. Ihrem Ursprung nach ist die Repräsentation eigentlich das genaue Gegenteil von Demokratie. Zu Zeiten der amerikanischen und französischen Revolutionen ist dies auch jedermann bekannt. Und die Gründungsväter sowie viele ihrer französischen Nacheiferer sehen darin das rechte Mittel für die Elite, die Macht, die sie dem Volk zuerkennen müssen – die das Volk jedoch nicht ausüben könnte, ohne das Regierungsprinzip selbst zu zerrütten –, *de facto* im Namen des Volkes auszuüben. […] Heute mag die »repräsentative Demokratie« wie ein Pleonasmus anmuten. Aber zuerst war sie ein Oxymoron. (Rancière 2011, S. 80)

Für Rancière ist daher der ständige Kampf gegen den Ausschluss und der Kampf der Ausgeschlossenen gegen »die Regierung« die Essenz des Politischen.

Aber ist das so? Der *part des sans-part* ist ja nicht durch die Differenzierung von öffentlich und privat abgetrennt, und es geht auch nicht mehr um den Einschluss oder den Ausschluss bestimmter Gesellschaftsgruppen (Rancière 2002). Vielmehr verläuft die Unterscheidung zwischen politisch zu(ver)lässig und politisch unzu(ver)lässig; sie trennt repräsentierbar und unrepräsentierbar. Der Pöbel ist nicht privat oder kämpft gegen seinen Ausschluss, sondern steht als Ganzes außerhalb der bürgerlichen Gesellschaft, er repräsentiert das Nicht-Repräsentierbare. Er ist aber zugleich ganz innerhalb dieser Gesellschaft. Das Populistische ist daher immer eine mögliche Erscheinungsform des Demokratischen, und das Antipopulistische muss von einem sozialen Ausschließungsmechanismus zu einem

Regime der Verhaltensregulierung, zu einem Disziplinierungsprojekt werden. Hier passen Kapitalismus und Demokratie zueinander: Ersterer verwandelt jeden Staatsbürger in einen »virtuellen Pauper«, Letztere verwandelt jeden Staatsbürger in einen »virtuellen Pöbler«.

Die Demokratie als Praxis hat die Demokratie als Idee überholt. Ihr inklusiver Impuls hat sich längst durchgesetzt, keine soziale Gruppe, die heute noch politisch exkludierbar wäre, und schon gar nicht erlaubt irgendeine wirtschaftliche Markierung noch irgendeine politische – jeder Ausschluss wurde Schritt für Schritt aufgegeben: »Der Triumph der Demokratie besteht darin, dass eine Exklusion nach der anderen – mit stetig zunehmender Verlegenheit – gefallen ist, zuletzt jene der Frauen, am hastigsten und verschämtesten von allen.« (Dunn 2006, S. 136) Dem auf Personen bezogenen inklusiven Impuls entsprechen die Reformen der institutionellen Praxis der Demokratie: allgemeines Wahlrecht, Durchsetzung des Prinzips der geheimen und direkten Wahl (vgl. Elster 2015), immer stärkere Verantwortlichkeit der Regierung gegenüber dem Parlament unter anderem durch den Bedeutungsverlust nicht gewählter Zweiter Kammern, damit immer stärkere Verantwortlichkeit gegenüber den die Zusammensetzung des Parlaments bestimmenden Wählern (Dunn 2006, S. 153; Przeworski 2018, Kap. 3). Der nicht stillzustellende demokratische Impuls, das nicht stillzustellende Streben nach Gleichheit verlagert sich daher entweder ins Mikroskopische, auf die Suche nach den Mikroaggressionen »im Verborgenen der Dominanzgesellschaft«, oder ins Makroskopische: *no borders, no nations* ... Ansonsten aber muss diskursiv das ausgeschlossen werden, was sozial längst eingeschlossen ist, durch ein Regime des Sagbaren und des Unsagbaren.

Die Demokratie selber hat dafür keine eigenen Stoppregeln, zumindest keine prinzipieller, sondern nur solche praktischer Natur. Deren Funktionskrise erleben wir gerade – aber anders, als wir es uns üblicherweise erzählen: nicht in dem Sinne, dass etwas Vorhandenes nicht länger angemessen repräsentiert wird, sondern in dem Sinne, dass etwas immer Vorhandenes sich durch Repräsentation nicht länger effektiv ausschließen lässt. *Repression by representation* funktioniert nicht mehr wie gewohnt. Die disziplinierende Funktion der Demokratie verliert ihre Wirkung, die Schwelle, an der über die Reinheit der Ansprüche entschieden wurde, ist immer durchlässiger geworden.

Was bedeutet das für unsere gegenwärtige Debatte? Was bedeutet es für die Dynamik wachsender Teilhabekonkurrenzen? Populismus ist wohl nur unzureichend verstanden, wenn wir ihn lediglich als Elitenkritik fassen. Er geht nicht auf in einer »latent immer vorhandene[n] elitenkritische[n] Mentalität mittlerer und unterer sozialer Segmente« (Priester 2012, S. 49), sondern markiert, grundsätzlicher noch, das Aufbrechen eines Ausschlusses. Er zeigt symptomatisch, dass ein etabliertes Repräsentationsregime historisch wird. Er ist aber nicht der Grund für dessen Historizität. Insofern lässt sich der »Populismus an den turbulenten Rändern des politischen Systems [...] in Anlehnung an Freuds Diktum von der ›Rückkehr des Verdrängten‹ als die Rückkehr des vom repräsentativ-liberalen System verdrängten politischen Souveräns, also des Volkes als Demos« verstehen – oder eher des Volkes als Pöbel (Priester 2012, S. 38). Das ist voraussehbar kein appetitlicher Vorgang, und insofern konfrontiert die Populismusdebatte die Demokratie mit ihren Aporien:

> [W]ir könnten den Populismus als Wiederkehr des Verdrängten oder, besser noch, als Symptom der Demokratie interpretieren; das heißt als ein internes Element des demokratischen Systems, das die Grenzen des Systems sichtbar macht und seine Schließung in der puren und simplen Normalität institutioneller Prozeduren verhindert. (Arditi 2003, S. 25)

Aber die »Wiederkehr des Verdrängten« ist im Wesentlichen eine »Wiederkehr des Nicht-Repräsentierten« oder Konsequenz einer nicht mehr funktionierenden *repression by representation*. Hierauf zielt die Formel von der Demokratisierung der Demokratie, die damit in Betracht zieht, dass der Streit um die Grenze zwischen repräsentierbar und nichtrepräsentierbar als inhärenter, unvermeidbarer Teil der Demokratie zu verstehen ist und dass sich hier in letzter Zeit die Grenzen verschoben haben (so wie ja auch dem Vulgären die Rückkehr in die Kunst ermöglicht wurde, vgl. Alison et al. 2017).

Damit stellt sich mit dem gegenwärtigen Populismus auch erneut die Frage der Menge, die in der Demokratie immer offengeblieben ist und offenbleiben musste –

die Frage nach dem Verhältnis zwischen Präsenz und Repräsentation, nach dem Punkt, wo »sich das Wort der Straße und der Klubs sich mit dem der Nationalversammlung kreuzt« (Furet 1980, S. 71), als Frage, die schon die Dynamik der Französischen Revolution wesentlich bestimmte (Furet 2009 [1978]; Richet 1996; Rude 1967). Es ist das Problem der Menge, die sich weigert, Volk zu werden (vgl. Hardt/Negri 2004), aber dennoch politisch wirksam wird, es ist das Problem der Partizipation ohne Repräsentation (Tormey 2015) und der beständigen Ausweitung dieser Partizipation, es ist *das Problem der Demokratisierung der Demokratie*.

Die Gleichsetzung von Populismus und Elitenkritik übersieht ferner, dass mit der vollständigen demokratischen Inklusion das, was als Elite bezeichnet wird, sich selbst grundlegend wandelt. Mit der Transformation des Disziplinierungsregimes geht es nicht mehr um *high* versus *low*, weil es ja in der vollentwickelten Demokratie keine sozialen Korrelate für das Zulässige und Unzulässige mehr gibt – insofern gibt es auch gar keine habituellen oder milieuspezifischen Einfärbungen dessen, was erlaubt ist und was nicht. Affektkontrolle und Zivilisierung sind dann nicht mehr Nebenprodukt einer Aufstiegsgesellschaft mit ihrer Orientierung »nach oben«, wenn das Aufstiegsversprechen selbst hinfällig geworden ist. Im Kontext einer generellen Umschichtung kultureller Autorität ist es nun die Politik selbst, die diese Kategorien aus sich heraus auszubilden hat, sie ausbilden muss, was den Konflikt auf die Ebene der Sprache und sprachlicher Regeln hebt.

Die Vorstellung, dass dieses Operieren im Feld der Sprache zur Vernunft politischer Konflikte beiträgt, muss sich deshalb als illusionär erweisen – Sprache wird selbst zur Kampfzone, ihre Normierungen sind Instrumente der Auseinandersetzung.

An diesen Zusammenhang von Einschluss und Ausschluss ist zu erinnern in Zeiten, in denen die Demokratie in Gefahr scheint – angeblich gefährdet durch einen Populismus, dessen Charakterisierungen in vielerlei Hinsicht jenen Beschreibungen gleichen, durch die die Ablehnung der Demokratie über Jahrhunderte hinweg begründet wurde. »Das Volk ist wieder der ›große Lümmel‹, hässlich in seiner Übergewichtigkeit, geschmacklos in seinen Jogging-Anzügen, ungezügelt in Gelüsten wie Alkohol- und Zigarettenkonsum, dazu politisch volatil und zu autoritären Lösungen [...] neigend« (Priester 2012, S. 17). Die Herrschaft des Pöbels (heute: der Pöbler), *mob rule*, die Macht der Straße bzw. des Netzes, das nun an ihre Stelle getreten ist (oder das Zusammenspiel von digitalem und analogem Mob: »non ce web senza piazza, non ce piazza senza web«, Beppe Grillo); die launische, unkontrollierte, immer wieder von Empörungsspasmen heimgesuchte Masse, die wenig Wert auf demokratische Regeln, Verfahrensrationalität und zivilisierten Austausch legt; die Dominanz des Geschreis, die Verachtung für ebenjene als Elitenherrschaft diskreditierte Ordnung, der eine wahre, echte, wirkliche, möglichst unmittelbare Herrschaft des Volkes entgegengesetzt wird (Müller 2017; Urbinati 2018).

So wird heute im Namen der Demokratie gegen die – real existierende – Demokratie polemisiert, und diese Polemik ist im Wesentlichen ein Umkehrdiskurs, die alte Konfrontation mit umgekehrten Vorzeichen: *fausse* versus *véritable & bonne democratie*. Was damals als Lösung erschien, das Repräsentationsprinzip, ist aus Sicht der Populisten heute das Problem, nämlich nichts als Kaschierung blanker Elitenherrschaft – womit einigermaßen zutreffend die historische Funktion beschrieben wäre, die politische Repräsentation tatsächlich einmal hatte.

Doch vielleicht belegt der Aufstieg der Populisten am besten, wie prekär bereits die Voraussetzungen dessen geworden sind, was sie bekämpfen, wie sehr bereits die demokratische Repräsentation, die diese Elitenherrschaft sichert, in einer tiefen Legitimationskrise steckt:

> Repräsentative Regierungssysteme wurden im Zeichen der Angst vor der Partizipation der breiten Massen geboren. Man liegt wohl nicht falsch, wenn man annimmt, dass das strategische Problem der »Gründer« – praktisch überall – darin bestand, wie man ein repräsentatives System für die Reichen konstruieren und es zugleich vor den Armen schützen konnte. (Przeworski 2018, S. 8)

Ist die demokratische Inklusion mehr oder weniger vollständig gewährt, gewinnt eine andere Lösungsmöglichkeit an Bedeutung: die Depolitisierung von Entscheidungsfragen, ihre Herausnahme aus dem Bereich demokratischer Verfügung: durch Verrechtlichung, durch Konstitutionalisierung, durch Delegation an nichtmajoritäre Institutionen etc. – und durch Globalisierung bzw. Europäisierung (durch die Internationalisierung des Rechts und der Wirtschaft; siehe unten Abschnitt II.2). Lässt sich in der vollständig demokratisierten Demokratie nicht mehr einschränken, *wer* mitentscheidet, dann lässt sich zumindest beschränken, *was* demokratisch zu entscheiden ist – das ist die grundlegende Dialektik von Demokratisierung und Entdemokratisierung der Demokratie. Der Populismus taucht episodisch an den Bruchlinien auf, die die Verschiebungen zwischen diesen beiden Prozessen erzeugen.

Daraus folgt, nicht eine Krise der Demokratie, sondern eine der demokratischen Repräsentation zu konstatieren, eine Krise der Politik unter den Bedingungen der »Partizipation ohne Repräsentation«. Und auch diese Krise stellt sich anders dar als häufig angenommen. Die Entgegensetzung zwischen falscher und richtiger Demokratie ist vielleicht gar nicht in erster Linie eine Unterscheidung zwischen liberaler und illiberaler Demokratie, sondern verweist vielmehr auf den Konflikt zwischen Repräsentation und Präsenz, Einschluss und Ausschluss. Die Entgegensetzung selbst – so meine These – ist das Symptom des Zusammenbruchs von Ausschlussregeln, Repräsentationsnormen und Legitimationsressourcen; sie ist das Symptom leerlaufender Normen, die von einer Medienrevolution und sozioökonomischen Umwälzungen überholt werden.

Das ist ein Zusammenhang, der sich mit großer Zuverlässigkeit an all jenen Schwellen beobachten lässt, die für die historische Formulierung neuer Einschlüsse und Ausschlüsse konstitutiv waren. Insofern ist der Mangel an historischem Bewusstsein ein Problem, durch das wir maßgebliche Reflexionsmöglichkeiten einbüßen. Andernfalls würden wir vielleicht besser erkennen, was alles ignoriert werden muss, um die gegenwärtigen Auseinandersetzungen nur als Streit zwischen Demokraten und Antidemokraten, zwischen formbewusstem Kosmopolitismus und formloser Illiberalität rahmen zu können. So scheint heute weitgehend vergessen, dass die Demokratie 1789 inmitten der wildesten Hetzreden und der gröbsten Obszönitäten auf die Welt kam (Darnton 1985), immer wieder vorangetrieben von einer Menge, die dann ja oft doch nur ein Lynchmob war (Rude 1967). So ist die gegenwärtige Krise der Repräsentationsinstanzen ganz offensichtlich eine Krise der Kontrollinstanzen – und diese hat ihre Ursachen in grundlegenden Modifikationen der Organisation und Kommunikation von Politik.

2. Das Ende repräsentativer Politik

> Wenn Konflikte aus den Institutionen auswandern, tendieren sie dazu, zu eskalieren.
> *Adam Przeworski 2018, S. 133*

Der historische Aufstieg der repräsentativen Demokratie mündet offenbar gegenwärtig in eine Krise der Repräsentation. Sie selbst scheint von der Lösung eines demokratischen Problems zu einem Problem der Demokratie geworden zu sein. Das ist, wie nachfolgend gezeigt werden soll, die Konsequenz von zwei miteinander verbundenen Veränderungsprozessen, die genauer in den Blick genommen werden müssen: die vielfach diagnostizierte Krise der politischen Organisationsform Partei und ein abermals sich vollziehender »Strukturwandel der Öffentlichkeit«.

Zunächst soll kurz begründet werden, warum die politische Partei in der Krise ist und wie diese Krise zum Ausdruck kommt – insbesondere inwieweit sich das in eine Krise demokratischer Repräsentation übersetzt. Denn genau genommen ist das das wirklich Problematische an der Krise der Partei. Danach, und hiermit in engem Zusammenhang stehend, soll – dabei aber insgesamt deutlich knapper – erörtert werden, wie der Medienwandel die politische Kommunikation grundsätzlich verändert und damit seinerseits in die Krise der politischen Repräsentation involviert ist. Als zentral wird sich dabei gerade im Hinblick auf die Demokratisierungsthese die »*drastische Zunahme von Organisations- und Kommunikationsmöglichkeiten*« erweisen, »die die gewohnten Mechanismen zur Domestizierung der öffentlichen Sphäre überfordern« (Hofmann 2019, S. 11, meine Hervorhebung). Entscheidend ist, mit anderen Worten, der Umstand einer massiven Ausweitung von Chancen zur politischen Partizipation und Kommunikation, die mit dem Verlust der etablierten Kontrollfunktionen repräsentativer Institutionen einhergeht. Entscheidend ist also die Demokratisierung der Demokratie.

Kontrollverlust: Politische Organisation

> Die Existenz der Parteien kennt keine Verfassung und (bei uns wenigstens) auch kein Gesetz.
> *Max Weber 1988 [1918], S. 324*[1]

Im Mittelpunkt der gegenwärtigen Krise demokratischer Repräsentation steht eine für die Demokratie zentrale Formation, für die zunächst demokratietheoretisch praktisch kein Platz vorgesehen war – und die in der Politischen Theorie auch heute noch eine eher randständige und oft problematische Rolle spielt: die politische Partei. Sie wird im 20. Jahrhundert zur zentralen Organisation, die die Verbindung aus politischer Öffentlichkeit und Regierungshandeln, das heißt eigentlich zwischen Gesellschaft und Staat, herstellt (Katz/Mair 1995). Parteien sind damit zentraler Bestandteil eines größeren historischen Bogens, dessen ersten Teil ich im vorherigen Abschnitt anhand einer groben Rekonstruktion der am Ende des 18. und zu Beginn des 19. Jahrhunderts geführten Debatte über die politische Repräsentation geschildert habe. Wie dort gezeigt, war die Primärfunktion der Repräsentation zunächst Exklusion. Es war der »republikanische Kompromiss«, der mit dem neuen Legitimationsprinzip der Volksherrschaft versöhnte. Die modernen repräsentativen Demokratien sind darin auf der Verfassungsebene Nachfolger der Republiken des 18. und 19. Jahrhunderts. Sie haben jedoch mittlerweile die massenhafte Inklusion der gesamten Bevölkerung bewerkstelligt. Wie? Durch Parteien, die sowohl das Repräsentationsprinzip in sich, im Binnenverhältnis, wiederholen als auch nach außen um Wählerstimmen und die Besetzung von Regierungsämtern konkurrieren. Parteien sind also essenziell für die repräsentative Demokratie, die keine reine Republik mehr ist, aber ja nur in einem organisatorisch ganz spezifischen Sinne »Volksherrschaft« verwirklicht. Sie verwirklichen ein bestimmtes Prinzip (Repräsentation) durch eine bestimmte Praxis. Wie Parteien das Funktionieren der Repräsentation unter den Bedingungen moderner Massendemokratien gewährleisten und was die Konsequenzen sind, wenn sie das nicht mehr tun, soll im Folgenden vor allem anhand des Beispiels der Führungsauslese erörtert werden, insbesondere anhand dreier gegenwärtiger Fälle: *Corbyn*, *Trump* und *Macron*.

Parteien erfüllen ihre generelle demokratische Funktion vor allem dadurch, dass sie die elektorale sowie die legislative und dann auch die exekutive Agenda ganz systematisch miteinander in Verbindung setzen, indem sie im Wahlkampf mit ihrem politischen Programm mobilisieren und dieses Programm im Erfolgsfall als parlamentarische Mehrheit bzw. als Regierung umsetzen, um mit Verweis auf diese Umsetzung (*retrospective voting*) sowie auf das zukünftige Handlungsprogramm der Partei (*prospective voting*) im nächsten Wahlkampf erneut politisch zu mobilisieren. Entsprechend stellen die Programme, mit denen die jeweils unterlegenen Parteien angetreten sind, das zur Regierung alternative Oppositionsprogramm dar (verbunden mit einem alternativen politischen Personal als einer »Regierung im Wartestand«). Die Opposition begleitet das Regierungshandeln beständig kritisch und setzt dann ihrerseits im Falle eines Wahlerfolgs ihr alternatives Programm parlamentarisch durch. Indem politische Programme auf potenzielle Mehrheitsfähigkeit, auf politische Attraktivität zielen und daher auch auf die sich stetig ändernde öffentliche Meinung reagieren müssen, nehmen Parteien eine Relaisfunktion zwischen exekutiver Entscheidung und gesellschaftlichem Diskurs ein. Anders ausgedrückt: Parteien verbinden zwei grundsätzliche Funktionen, nämlich zu repräsentieren und zu regieren (Mair 2009). Sie repräsentieren gesellschaftliche Interessen und regieren dann in deren Sinne – so war es zumindest lange Zeit.

Demokratische Responsivität und Verantwortlichkeit des Exekutivhandelns werden dadurch gesichert, dass diejenigen, die an der Macht sind, abgewählt werden können, wenn Dinge schieflaufen, wenn sie ihre politischen Versprechen nicht einhalten, sich neuen Herausforderungen nicht gewachsen zeigen, Machtmissbrauch betreiben (»throwing the rascals out«) oder was auch immer sonst einen Wähler, eine Wählerin veranlassen mag, unzufrieden zu sein mit der Art und Weise, wie er oder sie regiert wird (Ist der letzte Rentenbescheid enttäuschend ausgefallen? Ist Deutschland in der Vorrunde ausgeschieden?) (Manin et al. 1999; Przeworski 2018).

Das ist die zentrale Sanktionsfunktion kompetitiver Wahlen, das ist der zentrale Mechanismus der Demokratie – und er wirkt, anders als eine gängige Verächtlichmachung der Demokratie es will,[2] auch nicht nur einmal alle vier oder fünf Jahre, wie ein wiederkehrender, aber dann auch schnell wieder verschwindender Komet, sondern beständig, weil eine Regierung immer wieder, von Abstimmung zu Abstimmung, auf die Bildung einer parlamentarischen Mehrheit angewiesen ist, sie also beständig, über den gesamten Zeitraum einer Legislaturperiode, immer wieder von Neuem parlamentarische Zustimmung mobilisieren muss. Gelingt das einmal nicht, ist das im Regelfall, zumindest bei wichtigen Gesetzesvorhaben, Anlass für den Rücktritt einer Regierung und für Neuwahlen.[3] Diese stehen also als Möglichkeit jederzeit im Raum – der zeitliche Rahmen, in dem sich die handelnden Personen bewegen, ist damit einerseits immer nur der Zeitraum bis zur nächsten Abstimmung. Andererseits soll sich im Kalkül der Beteiligten der Strom parlamentarischer Entscheidungen, der bisherigen und der zukünftigen, zu einem politischen Saldo addieren, das »am Ende« hinreichend attraktiv erscheinen muss, um Abgeordneten – auf deren parlamentarische Zustimmung es ja bei jeder einzelnen Gesetzesmaßnahme immer wieder ankommt – eine faire Chance auf ihre Wiederwahl zu eröffnen. Was natürlich impliziert, dass dieser Strom parlamentarischer Entscheidungen letztlich auch für Wähler im Saldo hinreichend attraktiv sein muss, um diese Abgeordneten dann auch tatsächlich wieder zu wählen.

Dieser Entscheidungsstrom wiederum generiert Kompromissbereitschaft in der Sache, und zwar hinsichtlich jedes einzelnen seiner Elemente. Die verweigerte parlamentarische Zustimmung bringt hingegen zum Ausdruck, dass diese Mischkalkulation für die beteiligten Akteure nicht mehr aufgeht, insbesondere in Antizipation des öffentlichen Urteils über das bisherige (und das noch erwartete) Regierungshandeln. Genau deswegen signalisiert die Abstimmungsniederlage im Fall eines bedeutsamen gesetzlichen Einzelvorhabens einen allgemeinen politischen Vertrauensentzug zwischen Mehrheitsfraktion(en) und Regierung, zeigt an, dass das generalisierte Versprechen auf »Wiederwahl« unglaubwürdig geworden zu sein scheint, und veranlasst daher den Rücktritt einer Regierung. Die gegebene parlamentarische Zustimmung, von Fall zu Fall immer wieder, die eine Regierung über die Legislaturperiode trägt, ist demgegenüber Ausdruck eines grundsätzlich prekären Austauschverhältnisses zwischen der parlamentarischen Mehrheit und der Exekutive: Unterstützung durch die Mehrheitsfraktion (der teilweise durchaus nachgeholfen werden kann, wenn einzelne potenzielle Abweichler auf Linie gebracht werden müssen, etwa durch die Verbindung einer Abstimmung mit der Vertrauensfrage oder durch Sanktionsandrohungen, insbesondere jene der Nicht-Wiedernominierung) im Gegenzug für Wiedernominierungsversprechen und die Gewährleistung reeller Wiederwahlchancen durch die politisch Handelnden in Regierungsverantwortung. Solange dieses komplexe Kalkül trägt, korrespondieren den parlamentarischen Mehrheiten – zumindest in einem groben Entsprechungsverhältnis – gesellschaftliche Mehrheiten. Anderenfalls muss die fehlende Kongruenz in Wahlen von Neuem hergestellt werden.

Daher sind die Parteien – ob an der Regierung oder in der Opposition – auch darauf angewiesen, sich in beständigem Kontakt zur öffentlichen Meinung eine jeweils aktuelle Vorstellung über die Probleme der Gegenwart, mögliche Lösungsmöglichkeiten und das öffentliche Urteil darüber zu bilden, weil faktisch jederzeit eine neue Wahl anstehen könnte (Mansbridge 2003). Die Intensität des öffentlichen Protests gegen ein bestimmtes konkretes Vorhaben der Regierung ist dabei ein Indikator dafür, wie die Sache ausginge, wenn sie durch Wahlen und nicht parlamentarisch entschieden würde – der Protest ist ein Vorschein auf das Votum in der nächsten Wahl (die schneller kommen kann, als man denkt). Die zukünftige Wahl wirft also permanent »Schatten zurück« in die politische Gegenwart hinein. Auch das motiviert zur Anpassung der Positionen und zum Kompromiss bei gesellschaftlich umstrittenen Gesetzesvorhaben. Parteien müssen demnach eine besondere nervöse Auffassungsgabe entwickeln und stellen so die demokratische Repräsentation und Responsivität auf Dauer, statt sie auf ein einmaliges, in Intervallen auftretendes episodenhaftes Ereignis zu beschränken.

Eine sich hieraus ergebende, aber vielleicht nicht sofort offensichtliche Konsequenz ist, dass der tatsächlich vollzogene demokratische Machtwechsel selbst gar nicht unbedingt der zentrale Beweis für das Funktionieren einer Demokratie sein muss, ja, noch nicht einmal, dass Wähler zwischen zwei stark divergierenden Programmen wählen können.[4] Standardvorwürfe gegen einen angeblich völlig inhaltsentleerten »Cola vs. Pepsi«-Pseudowettbewerb zwischen sich zum Verwechseln ähnlichen Mainstreamparteien (*identikit politics*) gehen daher auch am Kern der Sache vorbei. Solange Parteien, wenn sie an die Macht streben, programmatisch das ausdrücken (müssen), was gesellschaftliche Mehrheiten politisch wollen, ist eine gewisse programmatische Ununterscheidbarkeit sogar zu erwarten – was nicht die Möglichkeit ausschließt, dass sich die programmatischen Positionen selber, im Einklang mit dem sich wandelnden Urteil der Öffentlichkeit, im Zeitverlauf ändern. Das sichert demokratische Responsivität auch ohne regelmäßige Machtwechsel zwischen ideologisch scharf voneinander getrennten Lagern, die ja mit ihren eigenen Pathologien verbunden sind – vor allem der abrupten Rückabwicklung von Politiken der jeweiligen Vorgängerregierung durch ihre Nachfolger, was etwa zu sinnlosen Privatisierung-Verstaatlichung-Privatisierung-und-wieder-zurück-Zyklen führen kann (*Dr. Jekyll and Mr. Hyde politics*). Zentral ist also nicht notwendigerweise der demokratische Machtwechsel als Mechanismus, der diese Responsivität herstellt, sondern allein seine Möglichkeit. Und zentral wäre auch nicht unbedingt, dass sich den Wählern (mindestens) zwei ideologisch sehr klar voneinander geschiedene Parteien präsentieren, sondern nur, dass die politischen Programme sich in dem Moment zu differenzieren beginnen, ab dem (mindestens) eine der Parteien es nicht mehr vermag, Mehrheiten anzusprechen, oder dass wir den Eintritt neuer Parteien beobachten können, sobald keine der vorhandenen Parteien mehr in der Lage ist, diese gesellschaftlichen Mehrheiten anzusprechen. Zu unterscheiden ist dieses Szenario natürlich von einem, in dem die Parteien, zumindest die etablierten, keine alternativen programmatischen Angebote mehr machen können, weil die Handlungsspielräume nationaler Politik durch die Delegation zahlreicher Bereiche an suprastaatliche Instanzen massiv eingeschränkt sind und diese Instanzen insgesamt eine Politik vorschreiben, die sich Schritt für Schritt vom Mehrheitswillen entfernt (Mair 2009). Aber auch wenn »die Globalisierung die Eliten und ihre Elektorate auseinandertreibt« (Ezrow/Hellwig 2014), weil die Eliten nicht mehr das politisch umsetzen können, was das Elektorat will, ist zu erwarten, dass sich Außenseiterparteien finden, die sich programmatisch gegen ebendiese Entpolitisierung nationaler Politik wenden und zu deren Repolitisierung führen.

Fassen wir diese Überlegungen knapp zusammen: Im Zentrum der verfassungsrechtlich relativ klar umrissenen demokratischen Systeme mit ihren jeweils formal definierten Rollen und Zuständigkeiten von Regierung und Parlament, von Exekutive und Legislative agiert ein hochgradig informeller, sich weitgehend selbst programmierender (endogener),[5] wesentlich extrakonstitutioneller Akteur, der »alles zusammenhält« – der die Politik formuliert und zugleich die parlamentarische und elektorale Unterstützung für sie organisiert und mobilisiert. Er verbindet die elektorale, die legislative und die exekutive Arena. Ohne ihn könnte demokratische Repräsentation nicht funktionieren, weil er derjenige ist, der beständig die Verbindungen herstellt zwischen Öffentlichkeit, parlamentarischen Mehrheiten und exekutivem Handeln.

In institutionell verschiedenen Abstufungen – und unterschiedlich intensiv ausgeprägt – sind alle parlamentarischen Demokratien auf die Syntheseleistung angewiesen, die Walter Bagehot zuerst für das britische System als dessen »effizientes Geheimnis« beschrieben hatte: die parteipolitisch herzustellende »fast vollständige Verschmelzung der exekutiven und legislativen Gewalten« (Bagehot 1971 [1867], S. 53), die selbst Voraussetzung für eine Rückkopplung beider an öffentliche Mehrheiten darstellt. Wenn in den Lehrbüchern die Gewaltenteilung als zentrale institutionelle Eigenschaft moderner Verfassungsstaaten dargestellt wird, wird die kritische Bedingung ihres demokratisch-repräsentativen Funktionierens eher selten erwähnt, nämlich dass es einen Akteur gibt, der diese Teilung – zumindest zwischen Exekutive und Legislative – im politischen Alltag überwindet: die Partei. Die institutionelle Rollendifferenzierung wird also durch einen Akteur überwunden, der in einem zentralen Sinne selbst nicht institutionell ist beziehungsweise der zumindest in keiner seiner verschiedenen institutionellen Rollen vollständig aufgeht. Die entsprechende Einsicht in die zentrale Funktion der Partei hat sich erst im 20. Jahrhundert allmählich durchgesetzt, dann aber zu teils sehr pointierten Einschätzungen geführt: »[D]er einzige Weg, auf dem kollektive Verantwortung jemals realisiert wurde, und überhaupt realisiert werden kann [...], ist über das Wirken der politischen Partei« (Fiorina 1980, S. 26). Oder sogar zu der Behauptung, es seien eigentlich erst die Parteien gewesen, die die Demokratie *erschaffen* hätten (»parties created democracy«; Schattschneider 1942, S. 3).[6] Das aber heißt zugleich, dass das Funktionieren der repräsentativen Demokratie von einem (repräsentativen) Akteur abhängt, dessen Funktionieren man nicht rechtlich oder sonst wie staatlich erzwingen kann (Krüper 2019, S. 123), sondern der sich eben wesentlich selbst formt. Genau das macht die Krise der politischen Organisationsform Partei zu einer Krise der repräsentativen Demokratie.

Welche Instrumente stehen den Parteien zur Verfügung, um ihre Koordinierungsfunktionen zu erfüllen? Es sind Instrumente, die in den gängigen Lehrbuchdarstellungen selten eine besonders hervorgehobene Rolle spielen, weil sich viel im Informellen abspielt, weil das Politische an spröden und arkanen Geschäftsordnungsregeln nicht immer leicht zum Sprechen gebracht werden kann, aber auch weil die Kompartmentalisierung der Politikwissenschaft in Wahl-, Parteien- und Parlamentsforschung einer angemessenen Darstellung der Syntheseleistung der politischen Partei oft entgegensteht. Diese Syntheseleistung übergreift ganz heterogene Handlungsarenen. Im Parlament muss beispielsweise die Mehrheit handeln können, sie muss ihr Programm durchsetzen können. Das heißt, sie muss die parlamentarische Agenda kontrollieren, also verhindern, dass die Opposition sich mit ihren Entwürfen durchsetzt, und zugleich sicherstellen, dass die eigenen Entwürfe behandelt und verabschiedet werden, ohne dass Änderungsanträge deren zentrale Intention verfälschen. Hier werden trockene Regelungen der Tagesordnung und der Redezeiten als Mittel der »Agendakontrolle« politisch hoch relevant (Cox/McCubbins 2011; Koß 2015).

Schon diese Notwendigkeit der Kontrolle der parlamentarischen Agenda macht Geschlossenheit unter den Mitgliedern der Mehrheitsfraktion nötig, aber die ist natürlich noch viel wichtiger für die Durchsetzung des je eigenen politischen Programms: Numerische Mehrheiten müssen bei Abstimmungen in faktische Mehrheiten übersetzt werden, was trivialer klingt, als es ist. Wichtigstes und ultimatives Mittel zur Herstellung von

Abstimmungskohäsion ist die Drohung gegenüber der/dem einzelnen Abgeordneten, dass das Abweichen von der Fraktionslinie die Wiedernominierung gefährdet.[7] Das wiederum erfordert es, dass die Parteiführung weitgehende Kontrolle über die Nominierung der Kandidaten/Kandidatinnen ausüben kann. Eine Partei muss also ganz heterogene Handlungskontexte aufeinander abstimmen: Sie muss die Listenerstellung in einer Landesdelegiertenkonferenz kontrollieren (Wer bekommt welchen Platz?), das Abstimmungsverhalten der Fraktionsmitglieder im Parlament orchestrieren, in der Abstimmung zwischen Fraktionsarbeitskreis und Ministerium die Formulierung von Gesetzesentwürfen beaufsichtigen – und dabei auch noch die eigene ideologische bzw. programmatische Wiedererkennbarkeit sicherstellen, also permanent politische »Markenpflege« betreiben; sie muss außerdem exekutive Führungsämter adäquat besetzen und obendrein Repräsentanten in Talkshows schicken, die das gesamte politische Geschehen eloquent auf einfache und verständliche Formeln bringen, etc. pp.

Zu besichtigen ist momentan, was mit der repräsentativen Demokratie geschieht, wenn Parteien die in der repräsentativen Demokratie anfallenden multiplen politischen Koordinierungsfunktionen immer weniger zu erfüllen vermögen, und was der irische Politikwissenschaftler Peter Mair meinte, als er feststellte: »Die populistische Demokratie tendiert vor allem dazu, zur parteilosen Demokratie zu werden« (Mair 2002, S. 89) – was wohl eher gelesen werden sollte als: Die parteienlose Demokratie hat eine Tendenz dazu, populistisch zu werden.

Die Demokratisierung der Parteiendemokratie

> Eine Partei, die die Kontrolle über ihre Nominierungen verloren hat, ist eigentlich gar keine Partei mehr.
> *Cohen et al. 2008, S. 158*

Die Literatur, die der Massenpartei ihren Niedergang attestiert, bildet mittlerweile ein gut etabliertes Genre. Es wäre müßig, die dort formulierten Argumente und Beobachtungen hier alle noch einmal zu wiederholen. Nie fehlen darf in dieser Literatur aber der Hinweis auf den starken Rückgang der Parteimitglieder und der Wählerstimmen – und generell auf das sinkende Vertrauen in Politiker und Parteien sowie die abnehmende Wahlbeteiligung (für einen Überblick siehe Tormey 2015, S. 16-25). Der Befund ist immer derselbe, über ganz verschiedene Länder hinweg, und er lautet unisono: »The party is over« (Biezen et al. 2012; Whiteley 2010) – oder wie das so ist bei den Wortspielen, die sich hier aufdrängen: Die Partei gäbe es nur noch als *farewell party*. Das Einzige, worüber wir uns hinsichtlich der Partei als Organisationsform des Politischen noch Gedanken zu machen bräuchten, sei deren »Restlaufzeit« (Wiesendahl 2013).

Heutzutage, so etwa ein Beobachter der britischen Situation, habe die Royal Society for the Protection of

Birds mehr Mitglieder als alle drei nationalen Parteien (Tories, Labour und Liberal Democrats) zusammen (Sumption 2019, S. 5). Aber was ist mit dem rasanten Mitgliederzuwachs der Labour Party von etwa 190000 Mitgliedern im Jahr 2014 auf über eine halbe Million nur wenig mehr als ein Jahr später? Und was ist mit dem deutlichen Anstieg der Beteiligung an den Wahlen der letzten Jahre? Es scheint, dass den »End of democracy«-Befunden, die die Entwicklung nur als stetigen Verfallsprozess politischer Partizipation beschreiben, doch etwas Entscheidendes entgeht. Die Krise der Repräsentation hat weitaus komplexere Gründe.

Nehmen wir das Beispiel der nach 2014 sprunghaft angestiegenen Mitgliederzahlen der Labour-Partei. Dieser Vorgang beleuchtet, so denke ich, exemplarisch die Veränderungen, die sich im Verhältnis von Parteibasis und Parteiführung vollziehen und die sich nicht nur in Großbritannien, sondern ähnlich auch in Italien, Frankreich, Deutschland oder den USA beobachten lassen (siehe unten). Es sind Veränderungen mit bedeutsamen Konsequenzen für die Art und Weise, wie Parteien dann noch parlamentarisch funktionieren können, und somit: wie die repräsentative Demokratie insgesamt noch funktionieren kann. Eine Literatur, die nur die Parteien selbst in den Blick nimmt und die weiteren Folgen für die demokratische Repräsentation, etwa für das parlamentarische Geschehen, meist nicht mehr reflektiert, vermag das eigentlich Krisenhafte an den gegenwärtigen Entwicklungen nicht angemessen wahrzunehmen.

2014 führte die Labour Party die (umgangssprachlich) so genannte »three-quid membership« ein, die sie in kurzer Zeit zur mitgliederstärksten sozialdemokratischen Partei der Welt machen sollte.[8] Jeder, der auf der Partei-Webseite die Box »Ich glaube an die Werte der Labour Party« anklickte und einmalig einen Beitrag von drei Pfund zahlte, besaß als »supporter« damit zwar nicht die vollen Mitgliederrechte, war aber zumindest berechtigt, an der Wahl zur Parteiführung im Jahr 2015 teilzunehmen (vgl. Bale et al. 2016). Während die Basis der Partei dadurch innerhalb kürzester Zeit substanziell erweitert wurde, »demokratisierte« sich die Labour Party im Zuge einer Parteireform noch auf andere Weise: Sie schaffte die gewerkschaftlichen Blockstimmen bei den parteiinternen Abstimmungen ab (deren Einsatz Ed Miliband noch im Mitgliedervotum von 2010 den Sieg gesichert hatte, vgl. Collins 2014). Die Macht der Gewerkschaften, die dem New-Labour-Projekt kritisch gegenüberstanden, zu brechen, hatte die Parteiführung schon früher beabsichtigt, allerdings hatten sich die hierfür notwendigen Mehrheiten erst nach der Zeit von Blair und Brown ergeben. Nun aber verfügte jedes Parteimitglied oder jedes bei Labour registrierte Gewerkschaftsmitglied über genau eine Stimme, die Gewerkschaften zahlten nicht mehr en bloc für ihre Mitglieder Beiträge und erwarben dadurch auch keine kollektiven Stimmrechte mehr – was könnte demokratischer sein als das OMOV-Prinzip (»one man one vote«)? Beide

Maßnahmen, die Parteireform und die erhebliche Ausweitung der Parteibasis, waren ursprünglich mit der Hoffnung verbunden gewesen, die gewerkschaftlichen Widerstände gegen einen zentristischen New-Labour-Kurs zu mindern und zugleich die Partei programmatisch auf die politische Mitte zu verpflichten.

Die Möglichkeit, ein »three-quid supporter« zu werden, galt als »neuer und innovativer Weg, die Öffentlichkeit an wichtigen Entscheidungen zu beteiligen« (so die damalige stellvertretende Labour-Vorsitzende Harriet Harman). Während die Partei im Jahr 2014 noch bei besagten ca. 190 000 Mitgliedern stand, nahmen an der Wahl der Parteiführung im September 2015 bereits 422 664 Personen teil, und von denen stimmten 59,5 Prozent für Jeremy Corbyn, einen völligen Außenseiter, der nur sehr spät überhaupt in das Rennen eingestiegen war. Corbyn war der unwahrscheinlichste Kandidat von allen. Er hatte zuvor dreißig Jahre als einfacher Abgeordneter für North Islington insbesondere damit verbracht, häufiger als alle anderen Labour-Abgeordneten gegen die Linie seiner Fraktion zu stimmen (insgesamt 428-mal während der Regierungszeit Labours von 1997 bis 2010, Prince 2016, S. 91). Nicht völlig überraschend lehnten über 80 Prozent der Mitglieder der Labour-Fraktion im House of Commons den notorischen Dissenter und beinharten Gesinnungsethiker als ihren neuen Oppositionsführer ab.[9]

Problematisch an der plötzlichen Öffnung der Partei gegenüber Kurzfristunterstützern war in erster Linie wohl nicht das Phänomen des *entryism*, also des strategischen Eintritts von eigentlichen Gegnern der Partei, denen es die drei Pfund allemal wert waren, mit ihrem Votum einen der weiteren Wählerschaft nur schwer vermittelbaren Kandidaten an die Spitze zu wählen, oder aber des Eintritts politischer Sektierer, welche die Partei trotzkistisch zu unterwandern suchten (Seymour 2016, S. 29-31; siehe unten). Langfristig problematisch waren eher die an diesem Vorgang deutlich werdende Umkehrung etablierter Nominierungs- und Kommunikationsverfahren sowie deren Effekte, vor allem dass der neue Prozess nun nicht mehr eine Prämie auf potenzielle Mehrheitsfähigkeit in allgemeinen Wahlen setzte, sondern derjenige Kandidat/diejenige Kandidatin im Vorteil war, der/die eher die »Seele der Partei« anzusprechen vermochte – also die Prämierung der extremeren politischen Position, der reinen Lehre. Der Referenzpunkt der Führungsauswahl wechselte vom prospektiven Medianwähler, also derjenigen »mittigen« Position, die die Wählerschaft in zwei gleich große Gruppen teilt und die man als Partei programmatisch besetzen muss, will man Mehrheiten gewinnen, zum Parteimedian, und dessen ideologische Verortung ist wiederum nicht gänzlich unabhängig vom Mobilisierungserfolg der jeweiligen Kampagne. Der massenhafte Eintritt junger politischer Aktivisten (in Form der Momentum-Bewegung) verschob die Gewichte in der Partei zumindest deutlich nach links – und Daten deuten darauf hin, dass Corbyn vor allem unter den kurzfristig rekrutierten Drei-Pfund-Mitgliedern überdurchschnittlich hohe Unterstützung genoss (Prince 2016, S. 279).

Nebenbei bemerkt zeigen dieser und ähnliche Vorgänge (mehr dazu unten), dass die Postdemokratiediagnose, die behauptet, »im Schatten« professionell inszenierter, aber völlig inhaltsentleerter Wahlkämpfe werde die wirkliche Politik zunehmend »hinter verschlossenen Türen gemacht: von gewählten Regierungen und Eliten, die vor allem die Interessen der Wirtschaft vertreten« (Crouch 2008, S. 11), offensichtlich schon an der zutreffenden Beschreibung ihres Gegenstands scheitert. Ein Hauptmerkmal der jüngeren Entwicklung, wie sie die skizzierten Reformen der Labour Party beispielhaft verkörpern, ist ja gerade der signifikante Einflussverlust organisierter Interessen (sei es nun von Gewerkschaften oder von Unternehmerverbänden) in einer zunehmend demokratisierten Demokratie. Die Konsequenzen sind erheblich und mit der simplen und auch etwas angestaubten These vom gewachsenen Lobby-Einfluss schwer in Übereinstimmung zu bringen: Kaum einer hat vehementer (und vergeblicher) vor dem Brexit gewarnt als der Unternehmerverband Confederation of British Industry.[10] Dem Einflussverlust der Gewerkschaften in der Labour-Partei korrespondiert also der Einflussverlust der Unternehmer bei den Tories – Boris Johnsons im Kontext der Brexit-Kontroverse gefallene »Fuck business«-Bemerkung ist der recht authentische Ausdruck davon.[11]

So völlig überraschend Corbyns Sieg im Wettbewerb um die Labour-Parteiführung auch vielen erscheinen mochte: Dass nicht der moderate, dem Kompromiss verpflichtete Politiker, sondern das scharfe ideologische Profil belohnt wird, ist ein regelmäßiges Ergebnis solcher Auswahlprozesse durch insgesamt viel weniger »mittig« positionierte Aktivisten und Parteifunktionäre oder eben kurzfristig Mobilisierte. Die Hoffnung der Labour-Führung, mit einer hohen Anzahl neuer Mitglieder würde die Partei stabil auf eine gemäßigte Position verpflichtet, sollte sich als illusionär erweisen. Die besondere Ironie bestand darin, dass es die New-Labour-Kräfte gewesen waren, die diese Entwicklung angestoßen und damit schließlich einem orthodoxen Linken und kompletten Außenseiter den Weg an die Spitze der Partei geebnet hatten.

Die Auslese des politischen Führungspersonals

Die neue Konfliktlinie, die sich hier auftat – und sie zeigt sich in einer Reihe von westlichen Demokratien identisch –, war die zwischen der Parteibasis (»party on the ground«) und der Parteiführung (»party in office«). Was genau neu ist an dieser Konfliktlinie, wird bei einer etwas langfristigeren Betrachtung deutlich: In dem auf dem liberalen Parlamentsverständnis des 19. Jahrhunderts basierenden Auswahlverfahren, das sowohl Max Weber (Weber 1988 [1918], vgl. etwa S. 341) als auch Joseph Schumpeter (vgl. Schumpeter 1993 [1942], Kap. 22) noch vor Augen stand (das sich in Ansätzen aber bereits bei Marx findet), formte die beständige Auseinandersetzung im Parlament, der »Rednerkampf auf der Tribüne« (Marx 1960 [1852], S. 155), charismatische Führungspersönlichkeiten, hinter denen sich dann eine Gefolgschaft von Abgeordneten versammelte, motiviert von der Aussicht auf Machterlangung und politischen Einfluss, zumindest aber die Aussicht auf eine halbwegs sichere Wiederwahl. Diesen Abgeordneten fiel dann auch die Aufgabe zu, außerhalb des Parlaments für die Person und das damit verbundene Programm zu werben, es waren die »parlamentarischen Majoritäten«, die auf die »großen Majoritäten jenseits des Parlaments« übergriffen (ebd., S. 155 f.) – gesellschaftliche Majoritäten, die die parlamentarischen Führungspersönlichkeiten natürlich antizipatorisch bereits im Blick haben mussten in dem Moment, in dem sie ihre politischen Positionen bezogen. Das führte zur Ausbildung eines Parteientypus, den der französische Politikwissenschaftler Maurice Duverger als »intern mobilisiert« bezeichnete, weil die Parteien sich quasi aus der Abgeordnetenversammlung heraus, aus den sich im liberalen Parlament des 19. Jahrhunderts bildenden bürgerlichen Fraktionen formierten. Typischerweise wurden die Entscheidungen über die Kandidaturen für das höchste politische Führungsamt dann auch im Parlament getroffen, so im frühen 19. Jahrhundert in den USA durch den jeweiligen *congressional caucus*. Der entsprechende Parteitypus war die Honoratioren- oder Notabelnpartei. Das zunächst lose Austauschverhältnis zwischen Parlamentsfraktion und Parteiführung – parlamentarische Unterstützung im Gegenzug für Aussicht auf Machterlangung, politischen Einfluss und Wiederwahl –, das im vorherigen Abschnitt skizziert wurde, hatte hier seinen Ursprung. Aber dieses parlamentszentrierte liberale Modell ist natürlich schon seit Längerem an sein Ende gekommen – obwohl es etwa im House of Commons, seinen Rededuellen, in den wöchentlichen Prime Minister's Questions und auch im Fortbestand dessen, was man als »Schattenkabinett« bezeichnet (Eggers/Spirling 2018), noch am deutlichsten überlebt hat.[12]

Auf den politischen Massenmärkten, die Anfang des 20. Jahrhunderts infolge der Ausweitung des Wahlrechts auf tendenziell die gesamte (zunächst: männliche) Bevölkerung entstanden, wurde die Notabelnpartei zunehmend von einer neuen Art von Partei herausgefordert: der Massenpartei (Katz/Mair 1995). Sie war »extern mobilisiert« (Duverger). Ihr musste es zuerst einmal darum gehen, überhaupt in die Parlamente hineinzukommen – handelte es sich doch zumeist um die neuen Arbeiterparteien. Sie hatte aber aufgrund ihrer außerordentlichen Organisations- und Finanzkraft einen entscheidenden Vorteil in den neuen nationalen Wahlkämpfen, was teilweise noch durch die Verbindung mit einem weiteren organisierten Akteur verstärkt wurde: den Gewerkschaften (auf der anderen Seite des politischen Spektrums waren dies in Ländern mit einem gewissen Katholikenanteil häufig Christdemokratische Parteien mit enger Verbindung zu der reichen Organisationswelt der Kirche, unter anderem zu christlichen Gewerkschaften). Die Führungsauslese fand jetzt zwar nicht mehr in erster Linie im Parlament statt, sondern in Absprache zwischen der Parteiführung und den großen gesellschaftlichen Vorfeldorganisationen. Das zentrale Kriterium war jedoch weiterhin die Fähigkeit, im Parlament politisch bestehen und dann womöglich auch eine Regierung führen zu können. Entscheidend war also auch hier potenzielle Wählbarkeit für eine Mehrheit der Bevölkerung – was den impliziten Kontrakt zwischen Parlamentsfraktion und Parteiführung intakt beließ: parlamentarische Unterstützung im Gegenzug für Aussicht auf Machteroberung. Der parlamentarischen Unterstützung konnte nun aber auch besser nachgeholfen werden, denn als Wahlverfahren hatte sich in den meisten – zumindest europäischen – Ländern die Verhältniswahl durchgesetzt. Das eröffnete der Parteiführung eine wichtige Sanktions- und Disziplinierungsmöglichkeit gegenüber ihren Abgeordneten: Durch die Monopolisierung des Rechts zur Listenerstellung konnte sie nun über Nominierung oder Nicht-Nominierung, also politisch über Leben und Tod der Abgeordneten entscheiden. Es entstand die geschlossen auftretende organisations- und mitgliederstarke Massenpartei – und diese trug im Parlament dann als Mehrheitsfraktion auch geschlossen die Regierung.

In der weiteren Entwicklung wurde dieser Parteientyp nun seinerseits erst von der Catch-all- und schließlich seit dem letzten Viertel des 20. Jahrhunderts zunehmend von der sogenannten Kartellpartei abgelöst (Katz/Mair 1995, 1996, 2009). Was die Kartellpartei von der Massenpartei bzw. deren Weiterentwicklung, der gesellschaftlich ungebundeneren und ideologisch opportunistischeren Catch-all-Partei unterschied, war ihre noch stärkere Entkoppelung von bestimmten gesellschaftlichen Gruppen sowie Milieus und im Gegenzug, kompensatorisch, ihre stärkere Anbindung an den Staat. Angesichts sich auflösender Milieus und eines immer volatileren Elektorats geht es den neuen Kartellparteien nun weniger um die Maximierung der Wahrscheinlichkeit des Wahlerfolgs, sprich um die Machterlangung, sondern eher um die Minimierung der Folgen möglicher Wahlniederlagen. Starke Ressourcenabhängigkeit vom Staat (staatliche Parteienfinanzierung), die regelmäßige Regierungsverantwortung einer hohen Zahl »etablierter« Parteien – die auch die systematische personelle Verflechtung zwischen Parteien und Staat, also den systematischen Zugang zur Ämterpatronage ermöglichte – waren Entwicklungen, die die internen Verhältnisse in den Parteien nicht unberührt ließen: das Geld, die Verfügung über die Stellen, die Macht waren nun vornehmlich in den Händen der nationalen Parteiführung zentralisiert (Katz/Mair 2009, S. 12). Je mehr sich aber die etablierten Parteien mit dem Staat verbanden, desto bedeutungsloser wurde der Wettbewerb *zwischen* ihnen. Das hatte mindestens zwei Gründe: einerseits, dass sich nach 1990 bestimmte politische Grundsatzkonflikte nicht mehr stellten, andererseits, dass sich die Gestaltungsspielräume nationaler Politik ohnehin stark verringerten, insbesondere durch die Europäisierung immer weiterer Politikbereiche. Der Niedergang der Repräsentationsorganisationen ist daher nicht zu denken ohne den Rückgang der ihnen noch verbliebenen Repräsentationsfunktionen – was sich innerhalb von Parteien vollzieht, ist daher nicht unabhängig von Prozessen der Denationalisierung der Politik zu verstehen. Sie machen die Parteien zunehmend voneinander ununterscheidbar. Einmal an der Regierung, müssen sie ja ohnehin in etwa identische Politiken verfolgen. Die Links-rechts-Unterscheidung verliert an Bedeutung, das vorherige Primärziel der Parteien – die Machterlangung – aufgrund geringerer Handlungsspielräume ebenfalls, was die Umorientierung der Kartellparteien auf politische Verlustminimierung statt Gewinnmaximierung zusätzlich erklären hilft.

Zugleich aber wird das Verhältnis von Parteiführung und Parteibasis, über die sich ja schließlich die gesellschaftliche Einbettung der Partei wesentlich verwirklicht, hierdurch immer problematischer, spannungsgeladener. Richard S. Katz und Peter Mair bezeichneten ihr Verhältnis im Falle der Kartellpartei als eines der »mutual autonomy« (Katz/Mair 1995, S. 18), man könnte auch sagen: als eines der wachsenden Entfremdung und des wechselseitigen Verdachts. Die Parteiführungen, regelmäßig in exekutive Verantwortung eingebunden, müssen sich zunehmend unempfänglich zeigen für die ideologischen Präferenzen ihrer jeweiligen Basis: Ihr Handeln wird *responsible* – verantwortlich im Sinne der Regierungsverantwortung, die sie häufig tragen –, die Parteiführung ist aber von der Basis nicht mehr effektiv demokratisch verantwortlich zu machen, ist ihr und dann auch der breiteren Wählerschaft gegenüber nicht mehr *responsive* (vgl. Mair 2009).

Die gewachsene Entfremdung zwischen Basis und

Führung zeigt sich beispielsweise an dem gestiegenen Widerwillen der Basis, überhaupt noch Regierungsverantwortung zu übernehmen, sowie an den wachsenden Schwierigkeiten, überhaupt noch Regierungsmehrheiten zustande zu bringen. Dass etwa Koalitionsverhandlungen immer langwieriger werden, Koalitionsverträge immer umfangreicher und detaillierter (Strøm et al. 2010), wird oft als Ausdruck eines gestiegenen Misstrauens *zwischen* den Parteien interpretiert, ist aber wohl eher Ausdruck des gestiegenen Misstrauens *innerhalb* der Parteien, weil die Basis diese Verhandlungen über das Regierungsprogramm als fast einzige Gelegenheit wahrnimmt, das Handeln der Führung in den nächsten vier oder fünf Jahre wenigstens im Ansatz zu steuern (Meinel 2019b). Die zunehmend offen zutage tretenden parteiinternen Konflikte zu »heilen«, beabsichtigen die in immer schnellerer Abfolge angesetzten Mitgliedervoten – die nicht zuletzt die Koalitionsverträge selbst zum Gegenstand der Abstimmung machen (so 2013 und 2018 von der SPD praktiziert, 2018 zusätzlich mit einer Pflicht zur »Halbzeitbilanz« nach der Hälfte der Legislaturperiode, über die dann erneut die Partei zu Gericht zu sitzen hat). Das Mittel der Wahl zur Bearbeitung der virulenter werdenden Konflikte zwischen Führung und Basis ist also die »parteiinterne Demokratie«, die Demokratisierung der Partei.

Man kann es auch umgekehrt betrachten: Die Kartellparteien, die immer stärker im Staat aufgehen, verlieren dadurch die Anbindung an die Gesellschaft. Die Zunahme *innerparteilicher Konflikte* muss man dann als komplementär zur Abnahme *zwischenparteilicher Konkurrenz* verstehen, weil sich ja die »verantwortlichen« Parteien einander anverwandeln und dies angesichts der Abnahme faktischer politischer Handlungsspielräume auch tun müssen (was natürlich auch den Aufstieg der neuen populistischen Herausfordererparteien mit erklärt). Und die ständige und intensiver werdende interne Konkurrenz um die Führung der Partei wird nun genau an dieser neuen, internen Bruchstelle ausgetragen. Die Mobilisierung der Basis ist Mittel zur Herausforderung der Parteiführung, die regelmäßig aufkommenden Forderungen nach einem Mitgliederentscheid sind Mittel des Konflikts, vorgebracht von Beteiligten im Konflikt. Und da man sich dabei stets auf »die Demokratie« berufen kann, fällt es der herausgeforderten Führung schwer, sich dem zu verweigern: Wer will sich schon gegen die Demokratie stellen? Im Ergebnis werden mehr und mehr Fragen, insbesondere auch die über die Parteiführung selbst, durch die Basis entschieden. Wobei die Frage, was genau die Basis ist, wie eng oder weit man die Mitgliedschaft jeweils definiert – siehe die »three-quid membership« im Falle der Labour Party –, selbst Bestandteil der Machtkonflikte wird.[13] Ob es sich aber um eine auf einen harten Kern wirklich Überzeugter zusammengeschmolzene Funktionärsschicht handelt oder um kurzfristig durch eine stark mobilisierende Kampagne hereinströmende politische Aktivisten und Idealisten, immer werden die politischen Präferenzen dieses Selektorats von denen eines gesamtgesellschaftlichen Elektorats deutlich abweichen.[14]

Hier ist nun schließlich das ursprüngliche liberale (parlamentszentrierte) Modell der Führungsauslese vollständig invertiert:[15] nicht mehr top-down, sondern bottom-up, immer weniger an die formale Parteimitgliedschaft gebunden, sondern stärker an kurzfristigen Mobilisierungseffekten orientiert, nicht mehr hierarchisch, sondern dezentral, nun völlig »demokratisch«, ohne den Einfluss von Repräsentanten mächtiger Interessen (*contra* Crouch), und schließlich auch nicht mehr an der Gesamtwählerschaft, sondern zunächst nur an der Mehrheitsfähigkeit innerhalb der Partei orientiert.

Was aber sind die Folgen dieser Umkehrung des Auswahlprozesses? Zunächst sollte man vielleicht anmerken, dass es ein Trugschluss ist anzunehmen, die Demokratie sei darauf angewiesen, dass ihre relevanten Akteure selbst ebenfalls völlig demokratisch verfasst sind. Marktwirtschaften funktionieren auch nicht allein durch Märkte, sondern wesentlich durch Unternehmen, und die sind intern eben gerade nicht wie Märkte, sondern hierarchisch organisiert (Coase 1937). Es scheint im Gegenteil, als würde die Demokratie eher Schaden nehmen, wenn auch Parteien das sind: durch und durch demokratisch verfasst. Das lässt sich gut an einem anderen Fall zeigen, der politisch nicht unterschiedlicher sein könnte als das Beispiel der Labour Party, der aber – bei näherer Betrachtung – viele strukturelle Ähnlichkeiten mit der skizzierten britischen Entwicklung aufweist.

In präsidentiellen Systemen sind Parteien ganz allgemein schwächer ausgebildet als in parlamentarischen, weil das höchste politische Führungsamt durch direkte Wahl eigenständig legitimiert ist und der Präsident/die Präsidentin überdies bei der Besetzung der Exekutivämter in einem viel geringeren Ausmaß auf die Partei angewiesen ist, der er oder sie angehört. Dadurch sind die wechselseitigen Abhängigkeiten geringer, was auch die Mehrheitsbildung im Parlament deutlich offener gestaltet als im disziplinierenden Dualismus von Mehrheits- und Minderheitsfraktion, von Regierung und Opposition, den man in parlamentarischen Systemen kennt. Und so war es in einem gewissen Sinne folgerichtig, dass in den USA bereits sehr früh die Entscheidung über die Kandidaten für die Präsidentschaftswahlen (wie auch über die einzelnen Wahlkreisabgeordneten) an die Parteimitglieder bzw. an registrierte Parteisympathisanten zurückgegeben wurde. Das Instrument dazu sind die *primaries.* Insbesondere nach der hochkontroversen Democratic Convention in Chicago 1968 setzten sich Anfang der siebziger Jahre Vorwahlen erst bei den Demokraten und wenig später auch bei den Republikanern als verbindlicher Auswahlprozess durch (Cohen et al. 2008) – die Demokratisierung der (Parteien-)Demokratie.

Obwohl die grundlegende Reform des Ausleseprozesses, die sogenannte McGovern-Fraser-Reform von 1971, die Kandidatenauswahl bei den Demokraten tatsächlich zunächst an die *primaries* delegierte und obwohl das gesteigerte Medieninteresse an diesem Auswahlverfahren sowie seine politischen Mobilisierungseffekte auch die Republikaner bald veranlassten, das »basisdemokratische« Verfahren des politischen Gegners zu kopieren, eroberten die Führungen beider Parteien die Kontrolle über den Nominierungsprozess auf informellem Weg relativ schnell zurück. Vor allem angesichts der enormen Kapitalintensität amerikanischer Wahlkämpfe spielten die Parteien in dem Prozess der Vorabselektion (nach anfänglichen Anpassungsproblemen und trotz ihrer sonstigen Schwäche) bald wieder eine entscheidende Rolle, weil sie den Kandidatenkampf frühzeitig auf einige wenige Personen reduzieren und vor allem den Kontakt zu großen Spendern herstellen konnten.

So etablierten sich alsbald als informelle Praxis vor dem Auftakt der wirklichen *primaries* die sogenannten *invisible primaries*, während derer das Parteiestablishment und potente Geldgeber sich koordinieren und auf einige aussichtsreiche Anwärter konzentrieren konnten.[16] In den auf wenige Monate beschränkten richtigen Vorwahlen, von Januar bis Juni des Wahljahres, war es überaus vorteilhaft, als von der Partei quasi offiziell unterstützter Kandidat und von vornherein mit einem üppigen Wahlkampfbudget ausgestattet an den Start zu gehen – und daher wurde der Erfolg in den *invisible primaries* sehr schnell ein starker, verlässlicher Prädiktor für den Erfolg in den *primaries*. In der Logik und den Effekten ähnelte dieses Auswahlverfahren durchaus den Abstimmungsprozessen innerhalb der parlamentarischen Massenparteien über die KandidatInnen für das höchste politische Führungsamt: Der Schwerpunkt lag auch hier darauf, dass der jeweilige Kandidat bei der Gesamtheit der Wähler möglichst gut ankommen sollte, man orientierte sich also am Medianwähler, was auch im Interesse des jeweiligen »parlamentarischen Arms« der Partei liegen musste, und organisierte Interessen – ob Gewerkschaften, Unternehmer- oder andere wichtige Verbände – waren systematisch und privilegiert am Prozess beteiligt.

So schien der Nominierungsprozess den Parteiführungen zwar zunächst tatsächlich entglitten zu sein, aber im Hintergrund und vor allem im Vorfeld konnten sie ihren maßgeblichen Einfluss schon bald wieder geltend machen. Waren es vor der McGovern-Fraser-Reform die nationalen Nominierungsparteitage, »die die Führer wichtiger Anspruchsgruppen in einem großen Raum zusammenbrachten und ihnen Anreize sowie die institutionellen Mittel gaben, um sich auf einen gemeinsamen Nenner zu einigen«, der insbesondere darin bestand, einen Kandidaten zu präsentieren, der nicht nur für die eigene Seite, »sondern für die Nation insgesamt akzeptabel war« (Cohen et al. 2008, S. x), wurde dieses Auswahlverfahren nun zwar informeller, unsichtbarer und zeitlich vor die eigentlichen Vorwahlen gelegt, seine dominante Logik blieb aber im Wesentlichen unverändert. Die Sequenz war weiterhin: Die Führung entscheidet, die Basis ratifiziert diese Entscheidung nachträglich, und ausschlaggebend war nach wie vor die potenzielle Mehrheitsfähigkeit des Kandidaten in der gesamten Wählerschaft – sprich, dieses Verfahren prämierte weiterhin *Middle-of-the-road*-Amtsanwärter. Als personifizierter Kompromiss zwischen verschiedenen innerparteilichen Strömungen und wichtigen Interessengruppen konnten diese Kandidaten dann auch politisch nicht frei agieren, sondern waren an die impliziten Koalitionen, denen sie ihre Nominierung verdankten, gebunden, ihnen verpflichtet – ihr Handeln und ihre Positionen waren also von vornherein »repräsentativ«. Das nennt man »Interessenaggregation«, und es ist – oder besser: *war* – das, was Parteien ursprünglich zu ihren zentralsten Aufgaben in der parlamentarischen Demokratie rechneten.

Mitgliederentscheide etablieren hingegen eine andere Logik: Nun finden die innerparteilichen Strömungen nicht mehr Übereinstimmung in einer Person, sondern sie treten gegeneinander an – und die eine gewinnt, die andere verliert. Das wiederum mag dem medialen Interesse und einem *horse race journalism* entgegenkommen, der den politischen Streit gerne als Drama zwischen Personen (Kevin Kühnert gegen Andrea Nahles – oder Olaf Scholz –, Friedrich Merz gegen AKK) aufbereitet. Den Interessen einer Partei und dem internen Ausgleich dient das aber weniger (so hat die unterlegene Seite ja unter anderem einen Anreiz, den Konflikt auf die eine oder andere Weise fortzuführen) – und der repräsentativen Demokratie auch nicht.

Die Folgen einer effektiven Demokratisierung der Parteiendemokratie sollten sich in den nuller Jahren zeigen, als sich die Funktionslogik der Vorwahlen und damit auch der Stellenwert der unsichtbaren Vorwahlen mehr und mehr änderte. Grund hierfür war die nun faktische und nicht mehr nur simulierte Offenheit der Vorwahlen,[17] die plötzlich *freebooting political entrepreneurs*, also politischen Hasardeuren und Freibeutern, die auf private Rechnung handelten, ungeahnte Chancen eröffnete. Dass eine so exzentrische und stark polarisierende Außenseiterfigur wie Trump sich nicht nur als offizieller Präsidentschaftskandidat der widerstrebenden republikanischen Partei aufzwingen, sondern dann auch noch die Präsidentschaftswahlen gewinnen konnte, ist nur im Lichte dieser Entwicklung zu verstehen.

Seit den nuller Jahren zeichnete sich von Vorwahl zu Vorwahl deutlicher ab, dass die »offiziellen« Kandidaten immer größere Schwierigkeiten hatten, sich gegen sogenannte *insurgent candidates* (aufständische, also nicht vom Parteiestablishment unterstützte Kandidaten) zu behaupten. Die neuen sozialen Medien spielten dabei eine entscheidende Rolle. Den Anfang machte Howard Dean, ein demokratischer Ex-Gouverneur von Vermont, der für die US-Präsidentschaftswahl 2004 kandidierte. Dean war einer der Ersten, die die neuen Mobilisierungsmöglichkeiten des Internets erkannten und systematisch nutzten. Dazu zählte unter anderem der Zugang zu einer ganz neuen Form der Wahlkampffinanzierung, nämlich zu vielen kleinen Einzel- statt weniger Großspenden – also politisches Crowdfunding. Die US-amerikanische Bevölkerung hatte sich mittlerweile an Online-Bezahlsysteme gewöhnt, und so ließen sich Kleinspenden nun ganz bequem online per Kreditkarte tätigen (Moorstedt 2008, S. 56). Die Entdeckung dieser neuen Finanzquelle entmachtete automatisch die Parteiführung als Relais zum großen Geld. War es John Kerry, als offiziellem Kandidaten der Demokraten, in den ersten drei Monaten des Jahres 2003 gelungen, 7,0 Millionen Dollar einzusammeln, während Howard Dean insgesamt nur auf 2,6 Millionen kam, änderte sich das überaus rasch. Im zweiten Quartal lag Dean mit 7,5 Millionen Dollar bereits vor Kerry (5,9 Millionen). Der Zugang zu den neuen Finanzierungsquellen ermöglichte es dem *insurgent candidate*, im Folgejahr allein in den ersten beiden Vorwahlstaaten (Iowa und New Hampshire) die enorme Summe von 40 Millionen Dollar in seinen Wahlkampf zu investieren.

Auch wenn seine Kampagne nach schwachen Ergebnissen in diesen beiden häufig bereits entscheidenden Vorwahlstaaten schnell an Momentum verlor (Dean zog sich im Februar 2004 aus dem Rennen zurück) und der inoffiziell offizielle Parteikandidat John Kerry von nun an weitgehend unangefochten blieb (am Ende hatte er auf dem Nominierungsparteitag der Demokraten gegenüber seinem verbliebenen Herausforderer John Edwards einen deutlichen Vorsprung von 2573 zu 559 Delegierten), so hatte sich doch zumindest angedeutet, dass man durch die Mobilisierung einfacher Mitglieder oder Sympathisanten, das entsprechende Aufkommen an Kleinspenden sowie durch die Multiplikatorwirkung von Online-Umfragen und anderen innovativen Formen der Internetmobilisierung[18] die Herrschaft der Parteiführung über den Nominierungsprozess ernsthaft herausfordern konnte.[19]

Die linke Website MoveOn.org etwa hatte 2003 im Vorfeld der »analogen« Vorwahlen erstmals eine 48-stündige virtuelle Vorwahl abgehalten. Ihr Ergebnis war zwar unverbindlich, das heißt, sie übersetzte sich natürlich nicht in Delegiertenstimmen auf dem Nominierungsparteitag. Sie war aber von erheblicher symbolischer und nicht zuletzt auch finanzieller Bedeutung. Von den ca. 320000 Online-Teilnehmern (diese Zahl entsprach in etwa jener der Personen, die sich in Iowa und New Hampshire insgesamt an den Vorwahlen beteiligten) stimmten 44 Prozent für Howard Dean, seine Konkurrenten Dennis Kucinich und John Kerry erhielten nur 24 bzw. 16 Prozent. Hätte Dean die 50-Prozent-Schwelle überschritten, wäre er zum offiziellen Kandidaten von MoveOn.org erklärt worden und hätte damit auch die über die Website hereinkommenden Spendengelder erhalten. Genau dieses Szenario sollte sich vier Jahre später realisieren: Als Barack Obama Hillary Clinton 2008 in den virtuellen MoveOn.org-*Primaries* mit 70 zu 30 Prozent hinter sich ließ, war mit einem Schlag ihr *Frontrunner*-Status dahin, den sie sich in den unsichtbaren Vorwahlen erkämpft hatte (Ackerman 2010, S. 20). Und mehr noch: MoveOn.org rief seine (damals) 3,2 Millionen registrierten Nutzer nach dem eindeutigen Abstimmungsergebnis dazu auf, ihre Stimme in den noch ausstehenden Vorwahlen der Obama-Kampagne zu geben. Der Appell erfolgte wenige Tage vor einem Super Tuesday, an dem in zahlreichen Bundesstaaten Vorwahlen stattfanden.[20] 1,7 Millionen MoveOn.org-Nutzer waren in diesen Staaten bei den Demokraten registriert.[21] Hillary Clintons schlechtes Abschneiden wurde von ihrem Team mit der Empfehlung der Plattform in Verbindung gebracht.

Gute (schlechte) Wahlergebnisse in den Vorwahlen übersetzten sich dann in einem sich selbst verstärkenden Prozess recht unmittelbar in Erfolg (oder Misserfolg) beim weiteren Akquirieren von Spenden. Am Tag nach dem Super Tuesday kündigte Hillary Clinton an, sie werde ihren Wahlkampf mit einem Privatkredit von fünf Millionen Dollar unterstützen – eine Nachricht, die für Unruhe und weitere Zweifel an ihrer Strategie sorgte. Obamas Wahlkampfteam wiederum vermeldete immer neue Spendenrekorde: Über die Webseite mybarackobama.com hatte die Kampagne allein im Januar 2008 32 Millionen Dollar eingesammelt und 170 000 neue (Klein-)Spender gewonnen. Sein Team kündigte umgehend das neue Kampagnenziel an: 500 000 neue Spender bis Ende Februar. Obamas finanzieller Vorsprung wurde immer offensichtlicher. Webseiten wie MyBO, über die Einzelpersonen seinen Wahlkampf unterstützen konnten, zählten am Wahltag schließlich mehr als zwei Millionen registrierte Nutzer, die im Rahmen seiner »Yes, we can!«-Kampagne über 200 000 Offline-Events organisiert, 35 000 Unterstützergruppen gegründet und mehr als 30 Millionen Dollar eingesammelt hatten (Gibson 2015, S. 186).

Obamas Kampagne führte das konsequent fort, was Dean vorgemacht hatte (Kreiss 2012), auch mit Rückgriff auf die Erfahrungen und das Personal der Vorwahlen 2004, diesmal allerdings mit einem anderen Resultat: Erstmals seit den siebziger Jahren gewann der *insurgent candidate* gegen die vom Parteiestablishment gestützte, in den unsichtbaren Vorwahlen klar als offizielle Kandidatin ausgewählte Person[22] – die allgemein als »unvermeidbar« wahrgenommene Hillary Clinton – knapp mit 2272 der insgesamt 4233 Delegierten der Democratic National Convention im August 2008. Und diese Entwicklung war nicht auf die Demokraten beschränkt: Nachdem das Ende der zweiten Amtszeit von George W. Bush auch die Republikaner zur Kandidatensuche gezwungen hatte, setzte sich in ihren Vorwahlen ebenfalls ein nicht vom Establishment unterstützter Kandidat durch: John McCain gewann die *primaries*, obwohl die üblichen Spender ihn in den unsichtbaren Vorwahlen faktisch boykottiert hatten. So waren die US-Präsidentschaftswahlen von 2008 die ersten, in denen sich zwei aufständische Kandidaten gegenüberstanden.

Nun könnte man meinen, der Erfolg von Außenseitern in den Nominierungsprozessen der Parteien sei an sich noch kein besonders bedeutsamer oder folgenreicher Vorgang. Dass Bewerber sich in Vorwahlen zunächst im Hinblick auf das Parteiselektorat ideologisch extremer positionieren, bliebe ja folgenlos, wenn sie sich nach ihrer Nominierung wieder an der antizipierten Mitte der dann relevant werdenden Gesamtwählerschaft orientieren – was ja unumgänglich scheint, wenn sie diese Wahl gewinnen wollen. Dieser Positionswechsel von erst ideologisch prononciert rechts oder links zu dann mittig, von exzentrisch zu zentrisch, ist ein bekanntes Muster solcher zweistufigen Verfahren[23] und daher per se noch nichts Neues.

Dass aber die »*reversion to* the mean« in den Hauptwahlen nach der »*deviation from* the mean« in den Vorwahlen keine gesetzmäßige Entwicklung ist, sollte sich nach Obamas zweiter Amtszeit zeigen, als Hillary Clinton 2016 im zweiten Anlauf doch noch die erst offiziell unterstützte und dann auch erfolgreich nominierte Kandidatin der Demokraten wurde (erneut nach einem sehr engen Rennen mit einem *insurgent candidate*, dem Linkspopulisten Bernie Sanders und seiner Our-Revolution-Bewegung). Wenn die Hauptkonfliktlinie nicht länger zwischen (gemäßigt) links und (gemäßigt) rechts verläuft, sondern zwischen der Verteidigung des Status quo und seiner radikalen Infragestellung (also zwischen technokratischen *post-politics* auf der einen Seite und populistischen *politics* auf der anderen), dann gelten die zentripetalen Vorhersagen des *Median-voter*-Theorems offensichtlich nicht mehr. Genau das hat Trump allen vor Augen geführt.[24]

Was aber Trumps Aufstieg und seine polarisierende, in vielerlei Hinsicht schockierende Amtsführung angeht, so ist diese in zu frischer Erinnerung (beziehungsweise dauert sie derzeit ohnehin noch an), als dass beide noch einmal detailliert nacherzählt werden müssten. Hinsichtlich seines Erfolgs in den Vor- und dann in den Hauptwahlen 2016 sollen hier nur zwei Aspekte hervorgehoben werden, die für unseren Kontext – den der Demokratisierung der Parteiendemokratie – von Bedeutung sind. Zunächst zeigte die präzedenzlos hohe Zahl von insgesamt siebzehn republikanischen Bewerbern, dass es der Partei nicht gelungen war, im Zuge der unsichtbaren Vorwahlen eine effektive Vorabselektion zu gewährleisten. Ohne klaren Favoriten fiel es einem Außenseiter wie Trump leichter, das Bewerberfeld aufzurollen. Relativ schnell, bereits im März, hatte sich das Vorwahlrennen auf drei Bewerber reduziert: Donald Trump, Ted Cruz und John Kasich. Anfang Mai verkündeten Cruz und Kasich ihren Rückzug. Schon im Juni 2016 hätte Trump zum offiziellen Kandidaten der Republikaner erklärt werden können – ohne bis zu diesem Zeitpunkt von einer Parteiführung, die sich in einer Art Schockstarre zu befinden schien, auch nur einmal unterstützt worden zu sein (und die weiterhin über Möglichkeiten nachdachte, ihn noch zu verhindern). Der Kontrollverlust der Parteien über die Nominierung »ihrer« Kandidaten war natürlich – wie wir gesehen haben – nicht ohne Beispiel, sondern hatte sich seit dem Jahr 2004 immer deutlicher abgezeichnet. Bei Trump verschlug es einem jedoch den Atem, wie ein so extremer, seine Verachtung für das Parteiestablishment nie verhehlender Kandidat sich den Republikanern gegen deren Willen aufzwingen konnte. Aber eine »Partei, die es nicht vermag, ihre Nominierungen zu kontrollieren, [...] ist eigentlich gar keine Partei mehr« (Cohen et al. 2008, S. 158; vgl. Levitsky und Ziblatt 2018, S. 71 f.).

Das wirklich Neue an Trumps Kandidatur war eher, dass sie deutlich machte, dass Geld allein im amerikanischen Wahlkampf nicht länger zählt – und das hängt mit der ausbleibenden *reversion to the mean* in der nachfolgenden Auseinandersetzung zwischen Clinton und Trump zusammen. Es gewann ein Kandidat erst das innerparteiliche, dann das zwischenparteiliche Rennen, dessen Wahlkampfbudget hinter denen seiner Konkurrenten deutlich zurückblieb. Was die Höhe des Wahlkampfbudgets am Ende der unsichtbaren Vorwahlen betraf, hatte Trump nur über das fünftgrößte Budget aller republikanischen Anwärter verfügt (Malbin/Glavin 2018, S. 8), wobei die starke Aufsplitterung des republikanischen Kandidatenfeldes das ihre zu den niedrigen finanziellen Eintrittshürden und damit zu einer weiteren Öffnung der Vorwahlen auch für Außenseiterfiguren beigetragen haben dürfte. Wenn sich das Spendenaufkommen auf siebzehn Bewerber verteilt, kann man bereits mit einem vergleichsweise kleinen Budget mithalten – auch das ein Beitrag zur Demokratisierung der Parteiendemokratie. Bis Anfang Juni 2016, also fast bis zum Ende der Vorwahlen, hatte Trump tatsächlich nur magere 89 Millionen Dollar an Spenden verbuchen können – in dieser Zeit hatte Hillary Clinton bereits das Vierfache eingenommen (367,6 Millionen Dollar). Trump besaß hinsichtlich seiner finanziellen Ressourcen in den Vorwahlen eindeutig keinen Favoritenstatus.

Nach seiner Nominierung hingegen, in der zweiten Jahreshälfte 2016, wurde das Spendenaufkommen zwischen Hillary Clinton und Donald Trump weit ausgeglichener, 383 Millionen Dollar für Clinton zu 339 Millionen für Trump (ebd., S. 9). Bemerkenswert war dabei insbesondere, dass es Trump gelang, die Graswurzelstrategie der Demokraten Dean und Obama zu kopieren: Von seinem gesamten Aufkommen an Personenspenden stammten fast 239 Millionen Dollar aus Kleinspenden von maximal 200 Dollar, ihr Anteil an den Gesamtspenden von Einzelpersonen (statt von Parteikomitees oder sogenannten Super-PACs, Political Action Committees, also im Wesentlichen Spendensammelorganisationen) belief sich auf hohe 69 Prozent, ihr Anteil an Trumps Gesamteinnahmen immerhin noch auf 58 Prozent. Und noch etwas war verblüffend: Die beiden Demokraten Sanders und Clinton hatten in der zweiten Jahreshälfte 2016 zusammen weniger Kleinspenden einsammeln können als Trump allein. Sanders' angeblich so basisdemokratische Bewegung hatte insgesamt nur 99,7 Millionen Dollar (44 Prozent der Personenspenden) von Kleinspendern eingeworben, Hillary Clinton mit 136,8 Millionen Dollar etwas mehr – bei ihr machten sie jedoch nur 22 Prozent ihrer gesamten Personenspenden aus (ebd., S. 9). Es war also nicht das große Kapital (etwa die Koch-Brüder), das hinter Trump stand – das traf, wenn überhaupt, eher auf die Clinton-Kampagne zu. Rückblickend, und auch das spricht gegen die Postdemokratiehypothese vom immer stärkeren Einfluss der Wirtschaftslobbys, muss man schon beinahe melancholisch auf die Zeiten zurückblicken, als die US-amerikanische Präsidentschaft noch gekauft werden konnte, oder zumindest fast (Lewis 2000).[25] Denn die finanzielle Autonomie des Kandidaten, seine größere Unabhängigkeit von Großspendern und damit von der Partei, die ja in der Vergangenheit den Zugang zum *big money* ermöglicht hatte, gaben ihm im weiteren Verlauf wenig Veranlassung, seinen extrem polarisierenden Wahlkampf zu mäßigen. Zumal sein Kampagnenstil selbst viele Millionen Dollar wert war – und hier kommen wir zur medialen Verstärkung des Prozesses, der es politischen Außenseitern ermöglicht, den Wettbewerb um die Führung einer Partei und/oder die höchsten politischen Ämter eines Landes zu gewinnen.

Was immer die Trump-Kampagne gegenüber der Clintons für einen finanziellen Nachteil gehabt haben mochte, eine neue »Währung« machte diesen Nachteil bei Weitem wett: Medienaufmerksamkeit.[26] Sie war es, die schließlich einen völlig unwahrscheinlichen Kandidaten ins Weiße Haus brachte. Hillary Clinton hatte die große Mehrzahl der Umfragen souverän angeführt, auch in den meisten Swing States (sie erhielt am Ende auch faktisch 2,87 Millionen mehr Stimmen als Trump; noch nie hatte ein Wahlverlierer einen so hohen Vorsprung an absoluten Stimmen gehabt). Von 267 Umfragen zwischen Juli und November 2016 ermittelten nur 34 einen Vorsprung für Trump, also etwa 13 Prozent. Clinton wurde von allen führenden Zeitungen des Landes unterstützt: von der *New York Times*, der *Los Angeles Times*, dem *Houston Chronicle*, der *Chicago Sun-Times* usw. Manche dieser Zeitungen empfahlen ihren

Lesern überhaupt zum ersten Mal in ihrer Geschichte einen Kandidaten der Demokraten. *USA Today*, das in der Vergangenheit nie Wahlempfehlungen ausgesprochen hatte, brach mit dieser Tradition und gab eine Anti-Empfehlung ab: Sie rief dazu auf, Donald Trump *nicht* zu wählen, da dieser ganz offensichtlich für das Amt ungeeignet (*unfit*) sei.

Aber es waren gerade diese Medien, die Trump in ihrer weit überwiegenden Mehrheit deutlich ablehnend gegenüberstanden, die von den Tabuverletzungen des Kandidaten geradezu obsessiv fasziniert waren und ihm dadurch in enormem Ausmaß kostenlose Wahlkampfhilfe leisteten. Eine Medienanalyse kam zu dem Schluss, die Berichterstattung über Trump habe einem »geldwerten Vorteil« von etwa zwei Milliarden Dollar entsprochen, mehr als doppelt so viel wie für jeden anderen Anwärter in diesem Rennen um das Präsidentenamt (siehe Confessore/Yourish 2016). Während Trump bis weit ins Jahr 2016 hinein keinerlei Unterstützung aus dem Establishment der Republikaner erhalten hatte, konzentrierte sich die Berichterstattung in einem ganz außergewöhnlichen Ausmaß auf seine exzentrische Persönlichkeit und seinen überaus kontroversen, polarisierenden Wahlkampf. Laut einer Agentur, die den Inhalt der täglichen Abendnachrichten auswertete, war bis zum Februar 2016 mehr als ein Viertel der Wahlkampfberichterstattung von NBC, CBS und ABC exklusiv Trump gewidmet. Über ihn wurde mehr berichtet als über alle demokratischen Bewerber zusammen (vgl. Reuning/Dietrich 2018). Für das rechte politische Lager etablierte sich das Zusammenspiel aus Trumps Twitter-Provokationen, dem rechten Talk Radio, Fox News und Breitbart als stetiger Verstärkungsmechanismus, aber auch liberale Medien wie die *New York Times* wurden Teil des Spiels, von dem Trump profitierte (und profitiert). Polarisierung etablierte sich als Geschäftsmodell (Taibbi 2019). Der Reality-TV-Star Trump wusste nur allzu gut, wie das Medienspiel professionell zu spielen war, nämlich insbesondere, indem er die Aufmerksamkeit der Öffentlichkeit mit permanenten Provokationen und Tabubrüchen aufrechterhielt. Trumps Wahlkampf folgte den zentralen Gesetzen des Wrestling: Es ist relativ egal, ob dir die Zuschauer zujubeln oder ob sie dich ausbuhen (oft machen sie beides gleichzeitig), solange ihre Reaktionen nur intensiv ausfallen. Die Medien waren dem weitgehend hilflos ausgeliefert. Einerseits galt: »[D]ie einzige Möglichkeit, seriös über Profi-Wrestling zu berichten, besteht darin, nicht über Profi-Wrestling zu berichten« (ebd., S. 130).[27] Andererseits war das im Hinblick auf einen amerikanischen Präsidentschaftswahlkampf natürlich keine ernsthafte Option.

Und das ist nun einer der wesentlichen Faktoren, die die Unberechenbarkeit und das Ausbleiben einer Rückorientierung auf eine politische Mitte befördern und die Dezentralisierung und Demokratisierung der vorherigen Ausleseprozesse letztlich so folgenreich werden lassen: Der Außenseiter, die extremere Position, das Neue und Ungewöhnliche, das, dem zunächst keiner eine Chance gab und was sich radikal vom bislang

Üblichen, den *politics as usual*, abhebt, was sich auch explizit als Außenseitertum präsentiert in Abgrenzung von und in Konfrontation mit dem sogenannten »Establishment«, dem »System«, den »Altparteien« – das ist das, was die Medien dann als »Phänomen Trump« oder »Phänomen Corbyn« berichten (diese Übereinstimmung ist dabei ganz unabhängig von den enormen Unterschieden zwischen den beiden Persönlichkeiten und ihren Verhaltensweisen zu konstatieren). Sie lenken die Aufmerksamkeit auf die jeweiligen Außenseiterkampagnen und erhöhen deren Mobilisierungsfähigkeit. Der hierdurch weiter befeuerte Kampagnenzulauf verstärkt dann wiederum die Berichterstattung über das Phänomen und die öffentliche Aufmerksamkeit, wovon umgehend die Kampagne selbst profitiert usw. So kann es, wenn das Timing stimmt, in dieser selbstverstärkenden Dynamik bis zur Wahl weitergehen.[28] Der Name der Corbyn-Bewegung, »Momentum«, war völlig zutreffend gewählt, und auch für Corbyns Kampagne sind diese selbstverstärkenden Mediendynamiken sehr präzise beschrieben worden (vgl. Prince 2016, Kap. 19). Wie ein Mitglied eines konkurrierenden Wahlkampfteams konstatierte: »[D]ie Medien drehten durch. Es ging nur noch um Jeremy und um seine Auftritte. Das waren die einzigen Veranstaltungen, bei denen es TV-Kameras gab.« (Ebd., S. 308)

Das hat schließlich Rückwirkungen auf das Elektorat selbst, die Polarisierungen verfestigen sich auch in der Wählerschaft. In den *midterm elections* 2018, den Zwischenwahlen nach der Hälfte von Trumps erster

Amtszeit, bauten die Republikaner den Vorsprung in ihren Hochburgen aus, so wie der linke Flügel der Demokraten seine Kandidaten in den sicheren *blue states* durchbrachte. Die ins Repräsentantenhaus gewählten »extremeren« Abgeordneten verschärfen wiederum die Polarisierung im Kongress. Was die Vorwahlen der Demokraten für die Präsidentschaftswahlen 2020 angeht, ist es möglich, dass sich ein aufständischer Kandidat oder eine aufständische Kandidatin gegen den mittigen, vom Parteiestablishment unterstützten Joe Biden durchsetzen wird. Trump selbst, der vom politischen Streit im Modus der scharfen Polarisierung profitiert, ist es offensichtlich gelungen, den moderaten Kandidaten der Demokraten schon vor Beginn der *primaries* (und unter Inkaufnahme einer veritablen Staatsaffäre) nachhaltig zu beschädigen. Die enorme Polarisierung der politischen Auseinandersetzung scheint sich also zu verstetigen – »polarization breeds polarization«. Und Polarisierung bedeutet zugleich Entpolitisierung, denn ob Politiken angemessen oder vernünftig oder notwendig sind, wird in einer solchen Konstellation völlig nachrangig.

In einer Kolumne der *Washington Post* aus dem Mai 2017 wird ein Vergleich zwischen Trump und Wilhelm II. gezogen – ebenso narzisstisch, genauso ungeeignet fürs höchste Amt, ebenso unfähig, Expertenrat anzunehmen, vergleichbar sprunghaft und widersprüchlich in seinen politischen Positionen (Cohen 2017). Zum Schluss fragt sich der Kolumnist allerdings, ob nicht ein Unterschied zwischen dem deutschen Kaiser und dem amerikanischen Präsidenten noch viel beunruhigender sei als die zahlreichen Übereinstimmungen: Wilhelm II. sei aufgrund monarchischer Erbfolgeregelungen in seine Position gekommen; schlicht Pech, dass eine so untaugliche Person »an der Reihe« war: »the bad luck of the draw« – die Kontingenz des Zufallsverfahrens, die es mit sich bringt, dass auch einmal eine Niete gezogen wird. Trump hingegen sei das Ergebnis eines komplexen demokratischen Ausleseprozesses, ersonnen, um die fähigste Führungspersönlichkeit (für das mächtigste Land der Welt) zu küren – wie könne es da sein, dass beide Verfahren zu einem vergleichbar desaströsen Ergebnis geführt haben?

Parteien auf der Suche nach Charisma, Charisma auf der Suche nach Parteien

Während die etablierten Parteien sich in all ihrer Verzweiflung und Orientierungslosigkeit als Konsequenz interner Bruchlinien zwischen Parteiführung und Mitgliedschaft dauernd neues Führungspersonal suchen müssen – regelmäßig basisdemokratisch, per Mitgliederentscheid –, sucht das neue politische Führungspersonal sich einfach neue Parteien. Das kann sich in Form einer feindlichen Übernahme vollziehen wie bei Donald Trump und den US-Republikanern oder aber in Form von Neugründungen wie bei Emmanuel Macron und La République en Marche.

In den französischen Parlamentswahlen im Juni 2017 errang eine Partei die absolute Mehrheit der Sitze in der Assemblée nationale (54 Prozent), die es etwa ein Jahr zuvor noch gar nicht gegeben hatte. Macrons La République en Marche (LREM) war eine vollständige Neugründung, deren Kandidaten innerhalb einiger weniger Monate aus einem Pool von insgesamt 19000 Online-Bewerbungen rekrutiert wurden. Immerhin mehr als die Hälfte der schließlich 525 ausgewählten Kandidaten und Kandidatinnen hatte nie zuvor ein politisches Amt ausgeübt (N.N. 2017). Während sich eine neue charismatische Führungsfigur für ihre Zwecke eine neue Partei formte, erklärt sich der spektakuläre Wahlerfolg dieser ganz neuen Formation in den Parlamentswahlen von 2017 ironischerweise insbesondere daraus, dass sowohl rechts die Républicains wie links der Parti socialiste (PS) zuvor ihr Heil in der Auswahl der Spitzenkandidaten per Mitgliederentscheid gesucht hatten:[29] Charisma sucht sich eine Partei, und Parteien suchen sich Charisma.

Während Macrons Experiment beeindruckend gut funktionierte, endeten die der etablierten Parteien in einem Desaster. Bereits die Vorwahlen von PS und Républicains für die Präsidentschaftswahl im April/Mai des Jahres hatten beiden Parteien »fundamentalistische« statt moderate Kandidaten beschert: Links nominierte die Mehrheit derer, die sich an der Abstimmung der PS beteiligten, Benoît Hamon mit seinem dezidiert linken Programm, das sich nur in Nuancen von dem Jean-Luc Mélenchons und seiner linkspopulistischen Bewegung La France insoumise unterschied. Hamon hatte sich parteiintern gegen den moderaten Manuel Valls durchgesetzt. Rechts ergab sich ein ganz ähnliches Bild: Die Mehrheit nominierte mit François Fillon ebenfalls einen extremen Kandidaten mit einem extremen Programm, unter anderem dem Plan einer umfassenden Reform des französischen Wohlfahrtsstaates, die – wäre sie umgesetzt worden – die deutsche Agenda 2010 in den Schatten gestellt hätte. Fillon war mit seinen sehr traditionellen Vorstellungen zu Ehe und Familie zwar überaus populär in der sogenannten *catosphere*, das heißt unter Frankreichs frommen Katholiken, die sich insbesondere in ihrem massiven Protest gegen die Gesetzgebung der sozialistischen Vorgängerregierung zur Homosexuellenehe politisch organisiert hatten und die sich nun vermutlich überdurchschnittlich häufig an den Vorwahlen der Républicains beteiligten. Der weiteren Bevölkerung war dieser erzkonservative Kandidat jedoch nur schwer zu vermitteln. Fillons Kampagne implodierte dann allerdings ohnehin kurz nach seiner Nominierung wegen zahlreicher gravierender Nepotismus- und Korruptionsvorwürfe: Zu den traditionellen Familienwerten, für die Fillon behauptete einzustehen, gehörte es offenbar auch, seine Ehefrau und seine beiden Kinder aus öffentlichen Mitteln großzügig zu alimentieren – im Gegenzug für weitgehend obskur bleibende Leistungen, die sie angeblich in seinem Abgeordnetenbüro für ihn erbracht hätten.

Die Sozialisten und die bürgerliche Rechte erlitten in den Präsidentschaftswahlen dann eine deutliche Niederlage: Weder Hamon noch Fillon schaffte es in die Stichwahl. Hamon erlebte ein vollständiges Debakel mit nur 6,3 Prozent im ersten Wahlgang – 13 Prozent hinter La France insoumise; Fillon landete zwar mit 20,01 Prozent auf dem dritten Platz, war damit aber auch nur einen halben Prozentpunkt besser als Mélenchon und lag zugleich 1,3 Prozent hinter der rechtspopulistischen Marine Le Pen, die neben Emmanuel Macron in die Stichwahl einzog. Die populistischen Parteien von links und rechts außen hatten ihre mittige Konkurrenz hinter sich gelassen. In den Parlamentswahlen sollte sich der Albtraum für den Parti socialiste und für die Républicains fortsetzen.

Bei den Wahlen zur Assemblée nationale war die Ausgangskonstellation nun wie folgt: Es trafen einerseits zwei extreme Parteien aufeinander, das Rassemblement National Marine Le Pens und die La-France-insoumise-Bewegung, dazu zwei Parteien, die sich diesen extremen Positionen durch Mitgliederentscheide deutlich angenähert hatten, und schließlich noch eine Partei, die nun in die völlig verwaiste Mitte vorstoßen konnte: LREM. Wie sich diese Konstellation elektoral auflösen würde, war nicht schwer vorherzusagen, und dass eine solche Konstellation überhaupt entstehen konnte, ist nicht zu verstehen ohne den Hinweis auf die mangelnde Strategiefähigkeit von Parteien, die die Kandidatenauswahl aus der Hand geben und ihren Mitgliedern bzw. Sympathisanten überantworten. Die Republikaner verloren 11,4 Prozentpunkte im Vergleich zur letzten Wahl zur Assemblée nationale – und das war noch wenig im Vergleich zu den 21,9 (!) Prozentpunkten, die die Sozialisten einbüßten. Die PS war im neuen Parlament mit nur noch 5,2 Prozent der Sitze repräsentiert – nach einem Sitzanteil von 48,5 Prozent in der vorherigen Legislaturperiode. Die Partei war faktisch eliminiert worden, das Parteiensystem der Fünften Republik in sich zusammengestürzt. Während PS und Républicains 2012 noch 82,1 Prozent der Sitze auf sich vereinen konnten, waren es nun gerade noch 26,3 Prozent – mehr als eine Drittelung der Anteile.

Parteien eines neuen Typs, wie er von La République en Marche beispielhaft verkörpert wird, belegen, wie fundamental sich die Organisationsbedingungen der Politik, die Parameter politischen Kollektivhandelns, verändert haben. Wahlerfolg ist jetzt immer weniger auf Ortsvereine, Mitgliedsbeiträge, Freiwillige fürs Plakatieren und für das »Auf-windigen-Marktplätzen-Herumstehen«, auf Postwurfsendungen und Fernsehspots angewiesen. Erst arbeitsintensive, dann zunehmend kapitalintensive Formen der politischen Massenmobilisierung, die im 20. Jahrhundert die besondere Durchschlagskraft der politischen Organisationsform Massenpartei begründet hatten (Katz/Mair 1995, 2009), werden im Netz schlagartig durch äußerst billige Formen der politischen Handlungskoordinierung mit hoher Multiplikatorwirkung ersetzt (Gibson 2015).[30] Das demokratisiert den Zugang, das öffnet den Wettbewerb, macht die Ergebnisse aber auch weniger vorhersehbar, unkontrollierter, volatiler. Das ist im Hinblick auf die politische Organisationsform Partei bereits häufiger beschrieben worden – aber die Folgen für das Funktionieren der parlamentarischen Demokratie wurden dabei noch nicht systematisch in den Blick genommen.

Im Kontext dieses zunehmenden Funktionsverlusts werden meines Erachtens eine ganze Reihe Entwicklungen als gleichgerichtet oder übereinstimmend verständlich: Gewinnen – und dann auch Regieren – per Twitter-Account (Trump); Mobilisieren per Twitter-Account wie bei Geert Wilders' Partij voor de Vrijheid (PVV), die ganz genau ein Mitglied hat: Geert Wilders selbst; eine Partei, die von einer Firma geführt wird, nämlich die Brexit Party von »The Brexit Party Limited«, einem Unternehmen mit zwei Direktoren (einer davon Nigel Farage) sowie fünf »undisclosed shareholders« (McTague 2019); eine Website als Partei (Beppe Grillos Movimento Cinque Stelle), die die Kandidatenselektion anhand der Zahl der Klicks bestimmt, die die jeweiligen Personen auf sich vereinigen können; die Kolonialisierung einer traditionsreichen Partei durch ein Bündel politischer Bewegungen (Corbyns Labour Party und Momentum), die sich vornehmlich digital koordinieren und sich real allenfalls als Flashmob zeigen; die komplette Pulverisierung eines Parteiensystems durch eine auf eine Person zugeschnittene Kampagne und der daraus generierten politischen Bewegung (Macron und LREM), die innerhalb von etwas mehr als sechs

Monaten einen vollständigen landesweiten Wahlvorschlag für die Parlamentswahl generieren konnte und anschließend in dieser Wahl die absolute Mehrheit der Sitze errang. Andere Beispiele ließen sich aufzählen: Bernie Sanders' »Our Revolution«, die »Liste Sebastian Kurz« in Österreich, »Aufstehen« als Versuch, dieses Modell in Deutschland zu kopieren, etc. pp.[31] Wie wir gesehen haben, lässt sich auch der kurze Weg Trumps von einer exzentrischen Außenseiterposition als Reality-TV-Berühmtheit zum US-Präsidenten in diesen Zusammenhang stellen. Politische Bewegungen formen sich zu Parteien (was als Phänomen nicht grundsätzlich neu ist, man denke an die Grünen, sondern in Zahl und Geschwindigkeit), Parteien werden immer mehr zu Bewegungen – oder es bilden sich symbiotische Beziehungen zwischen Bewegung und Partei. Boten früher die Vorfeldorganisationen der Parteien besondere Mobilisierungsressourcen, geht es heute um Kampagnenfähigkeit – etwa in der Arbeitsteilung zwischen den deutschen Grünen und der Webseite Campact. Campact organisiert online die politischen Kampagnen, die sich als »Forderungen der Zivilgesellschaft« an die Partei herantragen lassen, für die sie dann wiederum die Legitimationsgrundlage parlamentarischer Initiativen bilden. Das ändert aber die Politik auch inhaltlich, denn nicht jedes Thema ist kampagnenfähig – der Kompromiss zur Grundsteuer eher nicht, »Hambi muss bleiben« (und vermutlich auch: »Kandel ist überall«) eher schon.

Dies sind eben auch Manifestationen einer fortschreitenden Demokratisierung der Demokratie. Die schon immer leicht problematische Sprechweise von den »Kartellparteien« (Katz/Mair 1995) – als hätten es Parteien jemals in der Hand gehabt, den politischen Wettbewerb effektiv zu unterbinden – scheint vollends hinfällig geworden zu sein. Die Redeweise von den »Alt-« oder »Systemparteien« ist nur noch eine polemische Referenz im Repertoire ebenjener neuen politischen Formationen, deren Aufstieg anzeigt, wie wenig zutreffend der damit transportierte Vorwurf mittlerweile geworden ist. Oder anders formuliert: Der Vorwurf zieht wohl nur noch daraus seine politische Energie und *Prima-facie*-Plausibilität, dass er etwas einer kartellförmigen Parteipolitik zurechnet, was in wesentlichen Aspekten wohl nur der Vollzug von europäischen oder internationalen Handlungszwängen ist.

Kontrollverlust: Politische Kommunikation

All diese Beispiele stimmen meines Erachtens darin überein, dass sie demonstrieren, dass elaborierte Parteistrukturen, einschließlich gesellschaftlicher Vorfeldorganisationen, die dann auch die Diskurse transportieren und kanalisieren, zunehmend obsolet geworden zu sein scheinen, wenn man die Diskurshoheit ohnehin verloren hat (etwa an blauhaarige Blogger). Wir sind konfrontiert mit »intense partisanship with weak parties« (Julia Azari, zit. n. Przeworski 2018, S. 132) – frei flottierender politischer Energie, die sich fallweise und sehr kurzfristig mobilisieren, aber nicht mehr langfristig an die Organisationsform Partei binden lässt. *Disintermediation*, Entmediatisierung, das »Überflüssig-Werden« intermediärer Akteure für die Organisierung kollektiven Handelns, weil das Internet »individualisiertes Kollektivhandeln« ermöglicht (vgl. Tormey 2015, S. 84), so dass Aggregierungsinstanzen wie politischen Parteien überflüssig werden: insgesamt ein Rezept für Eskalation und Polarisierung. Und das trifft ebenfalls – und sich vermutlich wechselseitig verstärkend – für die politische Kommunikation zu. Die Zugangshürden für die Teilnahme am öffentlichen Diskurs sind drastisch gesunken, was auch die scharfen Sender/Empfänger-Asymmetrien, die die »alten« Massenmedien noch kennzeichneten, weitgehend eingeebnet hat. Die Politik selbst umgeht ebenfalls zunehmend die Vermittlerrolle der Presse (die ja auch immer mit einer kritischen Kontrollfunktion verbunden ist) und kommuniziert stattdessen per Twitter, Instagram, Facebook, Youtube usw. lieber direkt mit ihrem Publikum. Auch hier ein Obsolet-Werden der Vermittlungsinstanzen aufgrund der Demokratisierung des aktiven Zugangs und der passiven Nutzung, damit aber zugleich der Verlust ihrer Filterfunktionen.

Das führt unter anderem dazu, dass »Organisation« in der Politik durch »Person« substituiert wird, und insofern befördert die Personalisierung der öffentlichen Berichterstattung über Politik populistische Muster der Mobilisierung durch charismatische Persönlichkeiten. Eine solche Wahrnehmung wird befördert durch einen

Journalismus, der Politik gerne dramatisiert als Abfolge von Konflikten zwischen Personen. Diese Verschiebung der Wahrnehmung bietet ebenfalls dem Außenseitertum neue Chancen und unterminiert die Rekrutierungsfunktion der Parteien, mündet schließlich in der »Celebritysierung« der Politik.

Thomas Hobbes' Albtraum – formuliert vor dem Hintergrund des Englischen Bürgerkriegs und der Medienrevolution, die diesen Krieg befeuerte (Peacey 2013) – lautete, dass der unkontrollierte demokratische Meinungskampf zu einer Regierung der Prediger und Redner führen könne: Es könne dann »so viele Neros geben, wie es Redner gibt, die dem Volk schmeicheln« (Hobbes 2017 [1642], S. 349f.). Auch Rousseau sah die Herrschaft von »Philosophen und Volkstribunen« als beständig drohende Verfallsform der Demokratie (vgl. Tuck 2015, S. 101, Fn. 37). Unsere unterhaltungsindustrialisierte Gegenwart beschwört dieses Szenario als Horror eines unendlichen Spaßes herauf, nämlich als Möglichkeit, von FernsehmoderatorInnen, Comedians und Rockstars regiert zu werden, also von Prominenten, deren Diskursteilnahmeberechtigung vornehmlich in ihrer Prominenz zu liegen scheint.

All das erweitert zugleich den politischen Möglichkeitsraum, den Bereich dessen, was repräsentierbar ist (siehe Abschnitt I.1 oben). Der ökonomische Mechanismus des Internets übersetzt sich in einen politischen: Wie Soundcloud, Pinterest, Tumblr, Flickr, Youtube, Instagram, Facebook, Twitter, Amazon etc. die erfolgreiche Selbstvermarktung bislang völlig unbekannter

Musiker, Fotografen, Künstler, Autoren ermöglichen (Moorstedt 2008, S. 59), so ermöglichen die neuen Medien ganz neue Selbstvermarktungsstrategien politischer *no names*. Die digitalisierte Demokratie macht plötzlich *freebooting political entrepreneurs* wie Trump möglich (vgl. Richards 2017). Was zuvor erst gar nicht in den Fokus der Öffentlichkeit gelangte, lässt sich nun nicht mehr effektiv draußen halten, die Kosten der Partizipation am politischen Diskurs sind minimal geworden und der Zugang zu ihm weitgehend ungeregelt. Die Enden der Verteilung, der *long tail*, die extremeren Positionen, die Außenseiterpräferenzen, die bislang durch etablierte Mechanismen, eingespielte Verfahren und intermediäre Instanzen verlässlich herausgefiltert wurden, nehmen dadurch plötzlich regen Anteil an dem, was man Öffentlichkeit nennt. Zugleich werden die Enden der Verteilung selbst »dicker«, die Normalverteilung wird flacher, sie franst zu den Extremen hin aus, weil extremere Positionen mit Aufmerksamkeitsprämien rechnen können.

Die Demokratisierung des Zugangs, die enorme Ausweitung der Teilhabe am Diskurs befördert eine neue Individualisierung und Entinstitutionalisierung von Macht: Der Funktionsverlust der Agenten und Agenturen der Öffentlichkeitsproduktion (Zeitungen, Fernsehsender, Radioanstalten) korrespondiert mit dem Funktionsverlust von Parteien und Parlamenten. Deutlich sichtbar wird das an der Krise ihrer Gatekeeper-Funktion, sie stehen zunehmend unter Druck, erscheinen als illegitim und/oder eigeninteressiert oder werden von der Praxis twitternder Politiker schlicht übergangen. Was die neue Mediensituation angeht, läuft die Diagnose erneut recht präzise auf den Befund einer »Demokratisierung der Demokratie« hinaus:

> Genau besehen beobachten wir *eine drastische Zunahme von Organisations- und Kommunikationsmöglichkeiten*, die die gewohnten Mechanismen zur Domestizierung der öffentlichen Sphäre überfordern. Das routinierte Zusammenspiel zwischen politischem Apparat und medialer Vermittlung, das über Jahrzehnte für eine große Stabilität gerade auch in der Grenzziehung der öffentliche Sphäre gesorgt hat, durchläuft einen Prozess der Neuformierung. (Hofmann 2019, S. 11, meine Hervorhebung)

Der völlig freie Zugang stellt den mehr oder weniger geschlossenen Zirkel oder die überlegte Vorauswahl automatisch unter Verdacht. Im Rahmen einer Logik, die von Massenkonsum und Massendemokratie geprägt ist, kann der schiere Verbreitungsgrad, können die reinen Klickzahlen eine eigene demokratische Dignität reklamieren – und diejenige Kommunikation, die zuvor aus dem Bereich der Öffentlichkeit ferngehalten wurde, aber nun in ihn, weitgehend unkontrolliert, gelangt, wird zum eigenen Streitgegenstand. Hier wird »das Populistische zur Konfliktdimension des Populären« (Niels Werber/Jörg Döring). Verhandelt wird jetzt – immer erst im Nachhinein und mit einer gewissen Erfolglosigkeit –, was legitimes Anliegen und was womöglich bloß kurzfristige Erregung oder gar strafrechtlich relevant ist.

Das ändert auch die Sequenzen: Die Herrschaft über

die Themenagenda ist ins Netz diffundiert, die offiziell verfasste Politik ist oft nur noch reaktiv, es sind nun umgekehrt »die großen Majoritäten jenseits des Parlaments« (siehe oben), die auf die des Parlaments übergreifen, trotz aller verzweifelten Versuche der etablierten Akteure, so etwas wie Diskurshegemonie zurückzugewinnen – etwa durch Debattencamps in renovierten Fabrikgebäuden oder als Gesprächssimulation in handverlesenen Bürgerversammlungen, die man dann als »Townhall-Meetings« mit dem Signum der Basisdemokratie versehen möchte (siehe auch Macrons Grand Débat National). Wo der Diskurs sich verflüchtigt hat, ortlos geworden ist, soll er nachgestellt werden, um seine Bindungseffekte zu restituieren, dann allerdings orchestriert mit der entsprechenden Spiegelung in Fernsehen und Netz, die wiederum – vollständige Rekursivität des Diskurses – gleichzeitig als »Twitter-Wall« den Teilnehmenden in Realzeit zurückgespielt wird, um den Eindruck von Interaktion aufrechtzuerhalten.

Wie ließe sich das schließlich beschreiben, was sich als Revolution politischer Kommunikations- und Organisationsformen vollzieht, mit den entsprechenden Auswirkungen für die politische Semantik und auf die transportierten Inhalte? Etwa so? »Empfänger-, Redner- und Schreiberkreise werden größer«, es »wächst die Zahl derer, die in den politischen Sprachraum eintreten«, »der Resonanzboden der Öffentlichkeit« dehnt sich (während die Resonanzdauer sich ungemein verkürzt), die Kommunikation selbst wird noch einmal enorm beschleunigt, wobei sie sich zunehmend »aus überschaubaren Lebenskreisen relativer Dauer« entfernt, was dann auch die Generalisierung der Kommunikation vorantreibt und damit deren Moralisierung, weil nur noch die ganz grundlegenden Fragen eine gemeinsame Kommunikationsbasis bieten. Das führt zur »instantanen Kurzschließung [der Sachverhalte] mit abstrakten Begriffen« und zur Dominanz »frei verfügbarer, fungibler Selbst- und Fremdbezeichnungen [...], die unter dem Zwang der Reproduktion stehen«; das »Verhältnis des Begriffs zum Begriffenen kehrt sich um« im Sinne der »sprachliche[n] Vorgriffe auf eine Wirklichkeit«. Politische Fragen werden jetzt als persönliche Identitäts- und Einstellungsfragen verhandelt, wir sind auf der Ebene der Ratgeberliteratur und der intimen Bekenntnisse angelangt: »Wenn deine Eltern AfD wählen, warum nicht den Kontakt abbrechen?«

Die Zitate – bis auf das letzte natürlich[32] – stammen aus Reinhart Kosellecks Vorwort zu den acht Bänden *Geschichtliche Grundbegriffe* (1972), und den Umstand, dass sie auch gegenwärtig etwas zu treffen scheinen, kann man vielleicht so interpretieren, dass wir es momentan mit einer auch medientechnologisch getriebenen, teils organisatorisch bedingten Radikalisierung dessen zu tun haben, was Koselleck und seine Mitstreiter für die Sattelzeit beschrieben haben. Es handelt sich also nicht um etwas völlig Neues, sondern um etwas prinzipiell Bekanntes, das freilich Taktzahl und Reaktionsdruck stetig erhöht und damit die Bedingungen und Möglichkeiten von Interaktionen verändert: die Demokratisierung der Demokratie aufgrund ihrer zunehmenden Ent-Institutionalisierung. Unsere Zeiten der Instabilität sind Zeiten, in denen zugleich die politischen Bedingungen der Bearbeitung dieser Instabilität instabil geworden sind – gestiegene Intensität des Politischen, mehr Hitze.

Auch das aber läuft auf eine Zurückweisung der Postdemokratiehypothese hinaus. Wir stehen immer noch im Bann von 1789, seit 1989 vielleicht sogar intensiver denn je. Die von der demokratischen Ursprungsrevolution freigesetzten politischen Dynamiken konnten zu unterschiedlichen Zeiten unterschiedlich erfolgreich institutionell wieder eingefangen werden. Momentan verliert das bisherige Regime der Einhegung offenbar seine Wirkung, ohne dass sich bereits die Konturen eines neuen abzeichnen würden.

Dieser Befund bildet den Hintergrund für das korrespondierende Problem einer Entdemokratisierung der Demokratie, der ich mich im nächsten Kapitel zuwende. Auch hier gilt, dass sich bei näherem Hinsehen die Notwendigkeit zeigt, gewohnte Unterscheidungen und eingespielte Kategorisierungen zu revidieren: Entdemokratisierung der Demokratie, wie nachfolgend beschrieben, deckt sich nicht mit dem, was der Begriff »Entdemokratisierung« üblicherweise fassen soll.

II. Die Entdemokratisierung der Demokratie

1. Demokratische Unsicherheit

Stecken wir in Schwierigkeiten oder nicht?
David Runciman 2015, S. xiii

Es ist diese fundamentale Unentzifferbarkeit, die unsere Lage definiert.
Adam Tooze 2019, S. 56

Die Null-Hypothese sollte lauten, dass die Dinge kommen und gehen und dass unser gegenwärtiger Moment nichts Außergewöhnliches an sich hat.
Adam Przeworski 2019, S. 2

Jedes Herrschaftsprinzip führt in seinem Legitimationsdiskurs sein Gegenprinzip mit – wie ein Negativ. Demokratie rechtfertigt sich gegenüber einer gedachten Nicht-Demokratie, die dann aber eine ganz spezifische, nämlich aus der Perspektive der Demokratie gedachte Nicht-Demokratie ist. Zunächst war das kodiert nach alt und neu: *ancien* versus *nouveau régime*. Die Demokratie war das Neue, das die alte Tyrannei ablöste. Der demokratische Gefährdungsdiskurs während der Französischen Revolution handelte daher obsessiv vom *complot aristocratique*, also dem Rückfall in die alte Gesellschaft. Im 19., dann verstärkt im 20. Jahrhundert, nachdem die alte Gesellschaft endgültig erledigt und durch die neue Gesellschaft ersetzt worden war, entwickelte sich das zu einer Konkurrenz der Utopien. Jetzt wurde die Zukunft legitimatorisch bewirtschaftet, weil die Vergangenheit ja nun vergangen war. Die

Konkurrenzutopien zu den ewigen Gleichheitsversprechen der Demokratie, zur zukünftigen Demokratie, zur »démocratie à venir« (Derrida) waren erst Kommunismus und Faschismus, dann nur noch Kommunismus, der – vor allem weil er beim Sieg über den Faschismus mitgeholfen hatte – noch ein wenig länger intellektuellen Kredit genoss (Furet 1998). Mit seinem Ende hat dann auch die Demokratie ihre Zukunftsorientierung verloren und ist heute nur noch Verwaltung der Gegenwart. Nun muss sich die Demokratie aus sich selbst heraus legitimieren, und das heißt auch: Gefahr droht der Demokratie jetzt nur noch von der Demokratie. Ihre zeitgenössische Obsession ist daher das *complot anti-démocratique*, und zwar das demokratische Komplott gegen die Demokratie.

Die politische Macht in der Demokratie ist ein grundsätzlich leerer Ort.[1] Er wird jeweils mit Worten gefüllt. Macht haben diejenigen, die über die Worte verfügen, mit denen sich dieser leere Ort erfolgreich besetzen lässt. Die Französische Revolution »setzt an die Stelle des Interessenkampfs um die Macht einen Redewettkampf um die Aneignung von Legitimität« (Furet 2009 [1978], S. 85) – man kann auch sagen: Machtinteressen müssen seitdem als Legitimationsdiskurse auftreten.

Man muss sich vergegenwärtigen, wie atemberaubend radikal und ganz unwahrscheinlich und fragil eine solche Lösung für das Problem politischer Macht ist. In der Französischen Revolution wird tatsächlich »das semiotische Kraftfeld« zum »absolute[n] Meister über die Politik« (Furet 1980, S. 62). Nun kreist alles um die Ausfüllung der Formel: »Alle Macht geht vom Volk aus.« In dieser Formel fungiert Volk als abstrakte Größe, die nach beständiger Konkretisierung verlangt, nach Konkretion in der öffentlichen Meinung. Wer kann legitimerweise behaupten, für das Volk zu sprechen? Wem gelingt die Aneignung jenes Prinzips, das alles begründet, »wer [nimmt] jene beherrschende symbolische Stellung des Volkswillens ein« (ebd., S. 64) – und mit welchen Parolen? Diese Frage bestimmt die gesamte Dynamik des demokratischen Spiels.

Zunächst würde man denken, dass die Frage danach, wem es gelingt, sich den Volkswillen anzueignen, in Demokratien demokratisch, also per Wahlen beantwortet wird. Man hatte sich darauf geeinigt: In der repräsentativen Demokratie spricht nicht notwendigerweise »das Volk«, sondern seine Approximation, »die Mehrheit«, und daher basiert das autoritative Sprechen auf den Stimmen. Die sind ja recht eindeutig ermittelbar, nämlich durch Wahlen, also durch Zählen. Wahlen ermöglichen die Verregelmäßigung des Wettbewerbs um politische Macht, nicht weil das aus ihnen folgende Repräsentationsprinzip als Abfederung gegenüber den spontanen Impulsen eines bedauerlicherweise sozial nicht weiter vorsortierten Volkes funktioniert (siehe oben Abschnitt I.1), sondern durch die iterative Klärung einer offenen Frage: Mit Wahlen wird entschieden, wer künftig entscheiden darf.[2]

Diese Antwort ist aber eine immer nur vorläufige, zeitlich begrenzte – und ihre Akzeptanz beruht auf genau dieser Vorläufigkeit und ist deshalb auch selbst immer nur eine vorläufige. Die Approximation der Gesamtheit durch die jeweilige Mehrheit basiert auf der Voraussetzung, dass die jeweiligen Mehrheiten von Mal zu Mal changieren, andere sind – oder doch zumindest hätten changieren, andere hätten sein können. Da Wahlen eine immer nur prozedurale und temporale Lösung eines kontinuierlichen Konflikts um die Macht sind, da die demokratische Wahl immer nur eine ganz pauschale, generelle Repräsentationsbefugnis ausstellt und da die Wahl damit den politischen Streit nie beendet, befriedet, nie befrieden kann, schon allein deswegen, weil ja die nächste Wahl turnusmäßig wieder ansteht, und da sich schließlich erst mit der Wahl und in der Wahl und mit der Akzeptanz des Wahlergebnisses zeigt, ob wir alle wirklich wahre Demokraten sind, erscheint die Demokratie grundsätzlich immerzu prekär. Das macht den Demokratiegefährdungsdiskurs zu einem der effektivsten Eigenermächtigungsdiskurse – mit selbstbestätigendem und selbstverstärkendem Gefahrenpotenzial. Das soll im Folgenden als Prozess der Entdemokratisierung der Demokratie skizziert werden – eine These, die sich ersichtlich unterscheidet von den gegenwärtig gängigen Diagnosen einer Gefährdung der Demokratie. Pointiert formuliert soll es gerade um Demokratiegefährdung durch Demokratiegefährdungsdiskurse und um die Frage gehen, warum diese zuletzt so zugenommen haben.

Demokratie beweist sich im regelkonform durch Wahlen vollzogenen Machtwechsel (Przeworski 2003, 2005, 2010, 2018, 2019). Eine minimalistische Definition lautet: »Demokratie ist ein politisches Arrangement, in dem Regierungen durch Wahlen bestimmt werden und Menschen eine realistische Chance haben, Amtsinhaber loszuwerden, die ihnen nicht gefallen« (Przeworski 2019, S. 5). Oder: »Demokratie ist schlicht ein System, in dem Amtsinhaber Wahlen verlieren und verschwinden, wenn sie verloren haben.« (Ebd.)[3] Das weiß man aber immer erst hinterher. Demokratie beruht auf einer Norm, deren Einhaltung gegenüber genau denjenigen, auf die es ankommt, nämlich gegenüber denjenigen, die die Macht innehaben, nicht durchgesetzt werden kann, gerade *weil* sie die Macht innehaben.[4] Das konstituiert die fundamentale demokratische Unsicherheit.

In einem bemerkenswerten Gespräch mit Adam Michnik, Dissident, früher Aktivist der Solidarność, heute Chefredakteur der *Gazeta Wyborcza*, fragt der Interviewer (Sierakowski 2017):

> Wird Kaczyński in Polen die demokratischen Mechanismen aussetzen? Ich denke hier an zukünftige Wahlen.
>
> A. M.: Das weiß ich nicht. Ich würde es nicht ausschließen. Er könnte das freilich nur auf eine Weise bewerkstelligen: Er müsste irgendwie Piłsudskis Maiputsch oder Erdoğans Coup wiederholen.[5]
>
> Glauben Sie, dass die Polen und die Ungarn in der Lage sein werden, ihre Demokratie zu verteidigen?
>
> A. M.: Langfristig ja.

In seinem Essay »Democracy and its discontents« stellt Adam Tooze sich und uns die entsprechende Frage: »Hat die Präsidentschaft Trumps wirklich das Zeug dazu, in Faschismus abzugleiten?«, und gibt sofort die übereinstimmende Antwort: »Man kann es nicht ausschließen.« (Tooze 2019, S. 56) Steven Levitsky und Daniel Ziblatt rekonstruieren Trumps Weg in das Präsidentenamt und fragen: Hatten die Republikaner mit Trump »einen angehenden Diktator nominiert?« Ihre Antwort: »Das ließ sich nicht mit Sicherheit sagen« (Levitsky/Ziblatt 2018, S. 72) – und es lässt sich zurzeit immer noch nicht mit Sicherheit sagen. Dieses »Wir können es nicht ausschließen« oder dieses »Das lässt sich nicht mit Sicherheit sagen« ist aber die Grundkonstante der Demokratie.[6]

Der Verdacht

Demokratie als »System organisierter Unsicherheit« (Adam Przeworski) bringt es mit sich, dass wir uns nie völlig sicher sein können, ob wir noch in demokratischen oder nicht vielleicht doch schon in undemokratischen Verhältnissen leben. Die Unsicherheit der Gegenwart ist gerade die Folge des Umstands, dass sich die Demokratie immer erst in der Zukunft beweist und sich daher immer erst im Rückblick bewiesen haben wird. Sie basiert ganz wesentlich auf dem *loser's consent*: Akzeptiert der unterlegene Amtsinhaber seine Niederlage oder akzeptiert er sie möglicherweise nicht?

Die ehrliche Antwort auf diese zentrale Frage der Demokratie lautet regelmäßig: »Das weiß ich nicht.« Könnte der *loser's consent* dieses Mal möglicherweise ausbleiben? »Ich würde das nicht ausschließen.« Wer könnte das schon, denn letztlich kann es nicht ausgeschlossen werden: »Man *kann es nicht* ausschließen.« Und wäre es nicht ohnehin naiv, das zu tun? Muss man nicht immer mit dem Schlimmsten rechnen? Umgekehrt scheint es genau dieses beständige Spielen mit der Ungewissheit, dieses Austesten des Denkmöglichen und Vorstellbaren, das die Faszination ausmacht, die von einer Person wie Trump ausgeht und der wir uns nur so schwer entziehen können. Es ist sein Spiel, die Dinge in der Schwebe zu halten – »to keep the country in suspense«, wie es Trump in der letzten TV-Debatte vor der Präsidentschaftswahl 2016 ganz offen auf die Frage hin formulierte, ob er das Wahlergebnis akzeptieren werde. Und er zwingt uns, dieses Spiel mitzuspielen, indem wir uns dauernd fragen müssen, ob er wohl die Regeln einhalten oder vielleicht doch brechen wird. Das etabliert den Verdacht: »Die Verschwörungstheorie entspricht der Logik des Populismus« (Runciman 2020, S. 65) – und diese Logik des Verdachts affiziert alle.

In seiner Anhörung vor dem Repräsentantenhaus im Februar 2019 brachte Trumps ehemaliger Anwalt Michael Cohen seine Befürchtung zum Ausdruck: »Wenn Trump 2020 die Wahl verliert, wird es niemals eine friedliche Machtübergabe geben.« Wäre das, das Nicht-Anerkennen der Niederlage, das Ausbleiben des *loser's consent*, nicht gerade demjenigen zuzutrauen, der schon seinen Sieg nicht vollständig akzeptierte?[7] Man braucht nicht sonderlich viel Fantasie, um sich eine Washingtoner Variante eines Putsches à la Piłsudski oder Erdoğan vorzustellen: »Stellen Sie sich beispielsweise einen verheerenden Terroranschlag vor, der Trump veranlassen könnte, mit der Unterstützung der Republikaner im Kongress, der konservativen Mehrheit im Supreme Court, von Fox News, Breitbart und zahllosen Websites den nationalen Notstand auszurufen.« (Wilentz 2019) Kann man ein solches Szenario ausschließen? Nein, kann man nicht. Es ist nicht sonderlich realistisch, aber das ist gar nicht das Entscheidende. Entscheidend ist, dass es nicht völlig unrealistisch ist. Der in der Demokratie nie zu beseitigende Restverdacht kleidet sich in die Form doppelter Verneinung: »It is not utterly inconceivable« – »Es ist nicht vollkommen undenkbar« (ebd.).[8]

Aber vielleicht hat sich in den USA der Übergang in eine softe Diktatur schon längst vollzogen, und wir müssen gar nicht mehr gebannt auf die nächsten Wahlen und deren Ausgang warten? Vielleicht haben wir den Übergang bloß nicht so richtig bemerkt, in Übereinstimmung mit der gängigen Vorhersage, wie Demokratien enden – nämlich »not with a bang, but a whimper«, nicht mit einem Knall, sondern mit einem Wimmern? Ist es die kleine, unscheinbare Nachricht, die Randnotiz, die sich im Rückblick als entscheidend erwiesen haben wird? Die US Federal Election Commission (FEC), deren Aufgabe darin besteht, Wahlen zu überwachen und für die Einhaltung des Wahl- und Parteienfinanzierungsrechts zu sorgen, ist mit Demokraten und Republikanern paritätisch besetzt. Die Amtsdauer beträgt sechs Jahre, und die Mitglieder müssen vom Senat bestätigt werden. Seit 2015 hat der republikanische Mehrheitsführer im Senat, Mitch McConnell, keiner Neunominierung mehr zugestimmt, und da ihre Mitglieder nach Ablauf der Amtszeit ausscheiden, erreicht die FEC aktuell nicht mehr das notwendige Quorum, um Entscheidungen treffen zu können (Weinberger 2019, S. 16). Das ließe sich auch anders formulieren: Momentan könnten in den USA keine regulär beaufsichtigten Wahlen abgehalten werden.

Aber auch unabhängig davon kann man der Ansicht sein, der sanfte Übergang in die Notstandsdiktatur sei in den USA bereits seit Längerem im Gange. Der Präsident rief den nationalen Notstand ja schon am 15. Februar 2019 aus, zumindest für die Grenze nach Mexiko, nachdem 35 Tage Shutdown in der Auseinandersetzung mit dem Kongress Trump nicht die gewünschten 5,7 Milliarden Dollar für den Mauerbau gebracht hatten – und der Kongress zudem vorgeschrieben hatte, dass die 1,4 Milliarden, die er stattdessen bewilligte, für eine Verstärkung des Grenzzauns, nicht aber für den Bau einer Mauer verwendet werden dürften. Senat und Repräsentantenhaus stimmten zwar mehrheitlich für die Beendigung des vom Präsidenten ausgerufenen Notstands, doch hiergegen legte Trump seinerseits ein Veto ein, und schon im Repräsentantenhaus fand sich nicht die Zweidrittelmehrheit, die notwendig gewesen wäre, um es aufzuheben. Im Rahmen dieser Notstandserklärung hat das US-Verteidigungsministerium 4,3 Milliarden Dollar von verschiedenen Bauprojekten der Armee für den Mauerbau an der mexikanischen

Grenze abgezogen und wird es die 3000 Soldaten sowie 2000 Nationalgardisten, die bereits zur Grenzsicherung abgestellt sind, weiter verstärken, während das Department of Homeland Security das Pentagon bittet, auf Armeebasen zusätzliche Unterbringungsmöglichkeiten für die zahlreichen festgehaltenen Migranten einzurichten, weil man selbst gar nicht mehr über genügend Internierungsplätze verfügt (vgl. Stevenson 2019). Ist das schon die Außerkraftsetzung der US-amerikanischen Demokratie per Notstandsdekret und durch die Militarisierung eines klassischerweise der Innenpolitik zugehörigen Politikbereichs? Ist das schon, in Zeitlupe, der Übergang in den Notstandsstaat (Strauss 2018), eine Weimarisierung der US-amerikanischen Präsidialverfassung – und sind die anhängigen Verfahren gegen die präsidentiellen Notverordnungen nur noch das ja immer zu spät kommende juristische Wimmern dazu?

Zumal außergewöhnliche Handlungsvollmachten des Präsidenten nun auch in anderen Bereichen reklamiert werden, etwa in der Handelspolitik. Hier gibt es ebenfalls die Tendenz, Notverordnungen zu einem routinehaften Instrument des Weißen Hauses zu machen. Die Rechtsgrundlage für eine von Trump via Twitter (!) erteilte Anordnung, dass US-amerikanische Firmen sich ab sofort nach Ersatz für chinesische Firmen als Handelspartner umzusehen hätten,[9] sei der International Emergency Economic Powers Act von 1977, so wird Trumps Anweisung im Nachhinein in einer Erklärung des Weißen Hauses gerechtfertigt. Der Emergency Act,

Fortentwicklung einer kriegsbedingten Notstandsermächtigung des Präsidenten (nämlich des Trading with the Enemy Act von 1917), sieht weitreichende präsidiale Handlungsvollmachten auf der Grundlage einer Erklärung des nationalen Notstands vor, die ihrerseits eine außergewöhnlichen Bedrohung der nationalen Sicherheit voraussetzt – und die kann ja in der trumpschen Perspektive auch schon mal von einer zu hohen Zahl deutscher Importautos ausgehen. Diese Notstandserklärung erlaubt dann unter anderem die Beschlagnahme ausländischen Besitzes, das Unterbinden von Bankgeschäften bzw. von Geschäftsabwicklungen in ausländischen Währungen. Erneut können die beiden Häuser des Kongresses eine Notstandserklärung des Präsidenten aufheben, aber hier liegt der Fall wie beim Konflikt um den Mauerbau an der mexikanischen Grenze: Wenn der Präsident dagegen sein Veto einlegt, ist nicht zu erwarten, dass dieses mit Zweidrittelmehrheit im Repräsentantenhaus und im Senat aufgehoben werden wird (vgl. Sattar 2019).[10]

So verlagert sich der politische Streit zunehmend aus dem Parlament ins Rechtssystem – das freilich selbst im Schatten des politischen Streits steht. Wenn der Präsident nicht per Notverordnung regiert, dann per Dekret (*executive order*) – wozu sich bereits Obama aufgrund der Blockadehaltung der republikanischen Kongressmehrheit immer häufiger gezwungen sah. Hiergegen bleibt als Mittel nur die Anrufung der Justiz:

> Je mehr Dekrete, desto mehr Klagen. Je mehr Klagen, desto mehr Verfügungen gegen die Dekrete, die oft im ganzen Land

> gelten (»nationwide injunctions«). Laut Justizminister William Barr waren es in den acht Jahren der Regierung Obama 20. Nun, in gut dreieinhalb Jahren der Regierung Trump, sind es schon fast 40. Solche gerichtlichen Verfügungen zu erwirken, ist einfacher, als es sein dürfte, weil die Kläger haargenau wissen, zu welchem Richter sie rennen müssen, um die gewünschte Entscheidung zu erhalten. (Winkler 2019)

Gegen die *nationwide injunctions* legt dann wiederum die Regierung Widerspruch beim Supreme Court ein. Statt politischer Mehrheiten entscheiden Richter beziehungsweise Richtergremien, das Recht als Fortsetzung der Politik mit anderen Mitteln. Auch das trägt zur Entparlamentarisierung und schließlich zur Entdemokratisierung bei, unter anderem weil es die Anreize erhöht, die politische Herrschaft über die Gerichte zu erlangen. Damit droht dann schließlich auch die Unabhängigkeit der Justiz in den Sog dieser Entwicklung gezogen zu werden. Man sieht: Die Entscheidungen, die parlamentarisch, das heißt durch Parteien in Parlamenten, nicht getroffen werden können (siehe oben Abschnitt I.2), wandern in andere Arenen – und die Konflikte mit ihnen.

Putsch?

Oder kommt das Ende vielleicht doch manchmal mit einem Knall und nicht immer nur mit einem Wimmern? War die Vertagung des House of Commons, seine vierwöchige *prorogation* bis kurz vor den geplanten

Austrittstermin Großbritanniens am 31. Oktober 2019, die Boris Johnson bei Elisabeth II. beantragte und die sie umgehend gewährte, der »unverfrorenste Angriff auf die Demokratie in Großbritannien seit Menschengedenken und einer der gravierendsten, dem sich ein westliches Land in dieser Ära des Populismus stellen muss« (Mounk 2019)?[11] Für einige lag hier nun der Beweis des »End of democracy«-Befundes zweifelsfrei vor: »Es ist ein Staatsstreich. Der Regierungschef hat gegen das Parlament geputscht. Das Parlament stand dem Premierminister im Weg, daraufhin hat er es weggeräumt. So enden Demokratien.« (Henkel 2019) Staatsstreich, Putsch, Diktatur, Ende der Demokratie ... Hätte der Brexit-Prozess da nicht auf der Zielgeraden noch eine völlig unerwartete Wendung nehmen müssen? Nicht Großbritannien vollzieht den Austritt aus der EU, sondern die EU muss das Land wegen einer gravierenden Verletzung der Gemeinschaftswerte ausschließen, wegen seines offenkundigen Abgleitens in totalitäre Zustände? Warum bereitete eigentlich niemand ein Artikel-7-Verfahren gegen das Noch-Mitgliedsland vor?

Die äußerst harschen Urteile wurden in Verteidigung eines Parlaments gegen den Angriff des Premiers gesprochen, das seinerseits im Brexit-Drama lange Zeit nichts als wechselnde Verhinderungsmehrheiten zustande gebracht hatte; das nicht wusste, was es will, sondern nur, was es nicht will: nicht den von Theresa May verhandelten Deal, kein zweites Referendum, aber auch keinen No-Deal-Brexit – und das dabei nicht wahrhaben wollte oder schlicht nicht verstand, dass

Brüssel wenig Veranlassung hatte, etwas anderes anzubieten, solange die No-Deal-Option als glaubhafte Drohung aus dem Spiel genommen war (und dass genau das, also den No-Deal-Brexit wieder zur Option zu machen, um einen besseren Deal zu bekommen, das Ziel von Johnsons *Prorogation*-Entscheidung war); ein Parlament, aus dessen Mitte gegenüber dem Premier die schneidendsten Anschuldigungen formuliert wurden (»Tyrann«, »Diktator«), das sich aber zugleich nicht dazu aufraffen konnte, ein Misstrauensvotum gegen Johnson einzubringen – sollte man das so verstehen, dass eine Mehrheit der Abgeordneten lieber in einer Diktatur als unter Jeremy Corbyn leben wollte? Und ein Parlament, das sich lange nicht dazu durchringen konnte, die offensichtliche politische Lähmung dadurch aufzulösen, dass es Johnsons Forderung nach Neuwahlen zustimmte – was doch wohl die demokratischste aller Lösungen gewesen wäre und was auch die Frage, wer denn nun in diesem Konflikt eigentlich ganz genau »die Demokratie« auf seiner Seite hatte und wer nicht, noch einmal in einem etwas anderen Licht erscheinen ließ. Dass die No-Deal-Position Johnsons keine politische Mehrheit im Land repräsentiere, überzeugte als Vorwurf des Parlaments so lange nicht, wie es selbst gar keine Position repräsentierte: »You can't beat something with nothing.« Und es überzeugt in der Rückschau noch viel weniger, nachdem Johnson in der Unterhauswahl vom 14. Dezember mit seinem »Get Brexit done«-Kurs die absolute Mehrheit der Sitze im House of Commons eroberte (und Labour so schlecht abschnitt wie seit 1935 nicht mehr). Von den Staatsstreich-, Diktatur- und »End of democracy«-Befunden ist nun auch nichts mehr zu hören, und man fragt sich, ob der völlige Opportunismus der Standpunkte, der der Politik gerne vorgehalten wird, mittlerweile nicht auch für jene Betrachtung von Politik gilt, die solche Art von Vorwürfen gerne formuliert.

Der Brexit ist ein weiterer Fall, der sich als Konflikt beschreiben lässt (und auch oft so beschrieben wurde) zwischen direkter (Referendum) und repräsentativer Demokratie (House of Commons), als eine Konfrontation zwischen »people« und »parliament«. Aber mit so einer Beschreibung wäre erneut keine Antwort auf die Frage gegeben, wie es eigentlich dazu kommen konnte, dass sich zwischen Volk und Parlament eine so weite politische Lücke auftat, in die populistisch hineingestoßen werden konnte, welche Krise der repräsentativen Demokratie der direkten Demokratie so einen Auftrieb verliehen hat.

Der Supreme Court wiederum, der Johnsons *Prorogation*-Entscheidung am 24. September 2019 für »unlawful« erklärte, tat dies im Namen einer Verfassungsregel, die er erst kurz zuvor ganz neu ausgelegt hatte, nämlich am 24. Januar 2017 in seiner Entscheidung im Verfahren »Miller I«. Zu klären war dabei die Frage, ob der EU-Austritt als außenpolitische Angelegenheit zu betrachten sei und als solche unter die *royal prerogative*[12] der Regierung falle oder ob er ein Parlamentsgesetz erfordere, da er auch Auswirkungen auf das britische Recht haben werde. Dass die Exekutive in solchen Fällen autonom agieren kann, galt zuvor eigentlich als selbstverständlich – bis eben eine Supreme-Court-Mehrheit auf die Idee kam, für den Austritt doch einen Parlamentsvorbehalt festzuschreiben. Drei der elf Richter insistierten hingegen auf der traditionellen Lesart, wonach der European Communities Act, mit dem Westminster 1972 den Weg zum EG-Beitritt freigemacht hatte, sich auf einen Vertrag beziehe, dessen Abschluss »eine Ausübung der königlichen Prärogative« dargestellt habe, »so dass er von Ministern jederzeit gekündigt werden« könne (Sedley 2019; vgl. Elliott 2017; Elliott et al. 2018). Wie inhaltlich plausibel, normativ sympathisch oder demokratiestärkend man den vom Supreme Court vorgeschriebenen Parlamentsvorbehalt auch immer finden mochte, einer langen britischen Verfassungstradition entsprach diese Entscheidung nun gerade nicht. Der (ehemalige) Speaker of the House schließlich, John Bercow, zeigte sich seinerseits zutiefst alarmiert angesichts eines drohenden Verfassungsbruchs, da die Regierung Johnson entschlossen schien, den vom Parlament verabschiedeten Benn Act, der einen Austritt ohne Abkommen untersagt, zu missachten – ein Gesetz, das es gar nicht gäbe, hätte der Speaker nicht seinerseits etablierte Regeln gebrochen, als er der Regierung May im Frühjahr ihr Monopol über die parlamentarische Agenda entriss (Meinel 2019a), ein Monopol, das die Exekutive seit dem späten 19. Jahrhundert völlig unbestritten immer besessen hatte und das ein tragendes Prinzip für das Funktionieren des Regierungs-/Oppositionsschematismus im House of

Commons, also des britischen Parlamentarismus insgesamt darstellt.

In einer solchen Lage scheint der Brexit-Konflikt lediglich die nun nicht völlig neue Einsicht zu bestätigen, dass der politische Streit über die Sache sich bei hinreichender Konfliktintensität schnell zu einem Streit über das Verfahren ausweitet, mit dem die Sache zu entscheiden ist. Man sieht: Aus dem politischen Streit helfen im Zweifelsfall weder die Prozeduren noch »das Recht« noch »die Wahrheit«, vorgetragen etwa durch diejenigen, die zwar eigentlich als Experten auftreten sollten, aber dann doch lieber beim allgemeinen Dramatisierungsgeschäft mitmischen, zu dem Öffentlichkeit heute geworden ist, weil auch sie bei Eskalation auf Aufmerksamkeitsprämien hoffen dürfen. Es bestätigt sich hier erneut: »Beginnt das politische System zu schlingern, schlingern alle Institutionen mit.« (Möllers 2017, S. 5) Und so wird es auf die beständige Frage der Demokratie: »Are we in trouble or not?«, vorhersehbar weiter unterschiedliche Antworten geben, je nach dem politischen Lager, aus dem die Antwort stammt. Beziehungsweise den *trouble* wird je nach Perspektive ein anderer Akteur verkörpern – ein völlig skrupelloser Premier für die einen, ein den Volkswillen perfide hintertreibendes, ansonsten aber zu keiner konstruktiven Mehrheit fähiges Parlament für die anderen oder ein selbstherrliches Verfassungsgericht mit einer ganz eigenen, aktivistischen Agenda für Dritte.

Das einzig Sichere an der Demokratie bleibt also die Unsicherheit. Als Demokratie, so Claude Lefort, bezeichnen wir eine »Gesellschaft, in welcher die Menschen einverstanden sind, mit der Herausforderung der Ungewissheit zu leben« (zit. n. Bensaïd 2012, S. 41). In seinem neuen Buch über die Krisen der Demokratie resümiert der polnische Politikwissenschaftler Adam Przeworski seine Überlegungen zur Frage, ob die Demokratie gegenwärtig in Gefahr sei: »Man sollte den ganzen Veröffentlichungen, die immer schon alle Antworten besitzen, nicht glauben. [...] [Z]u was sich all das addiert – was die Aussichten sind für das Überleben der Demokratie –, darüber kann man nur spekulieren« (Przeworski 2019, S. xii, S. 141). Nach all dem öffentlichen Nachdenken über die Demokratie können wir also zumindest so viel sagen: dass wir nicht so viel sagen können.

Die »Are we in trouble or not?«-Frage stellt sich nicht nur den Beobachtern, sondern auch den Akteuren – und wer als Erster Alarm schlägt, ist oft bereits auf der sicheren oder zumindest der richtigen Seite. Es zahlt sich immer aus, schon einmal die Anklägerpose einzunehmen. Wer mit der demokratischen Unsicherheit spielt, so wie Trump, kann sich sicher sein, uns in seinen Bann zu schlagen. Und wer die Frage der Demokratie stellt, wer die Demokratie infrage gestellt sieht, kann sich sicher sein, uns auf seine Seite zu ziehen: die Vorstellung vom Komplott gegen den Volkswillen als Komplement zur Vorstellung vom Volkswillen. So sind die beiden, der potenzielle Demokratiegefährder und der Demokratiegefährdungsdiagnostiker, Zwillingsfiguren: »Der Populismus fördert Paranoia auf allen Seiten.« (Runciman 2020, S. 66) Die Demokratie und ihr Anti-Prinzip, die antidemokratische Verschwörung, »zusammen stellen sie die beiden Seiten dessen dar, was man die demokratische Fiktion der Macht nennen könnte« (Furet 1980, S. 69). Beides sind Erscheinungsformen des Machtwahns, des demokratischen »délire sur le pouvoir« (ebd., S. 68). Den Demokraten erkennt man dann daran, dass er den Antidemokraten erkennt, benennt, bekämpft. Steve Bannon wiederum konstatiert: »[T]he resistance is our friend.« (Zit. n. Sherman 2017)

Der Streit über die Demokratie gehört also in gewissem Sinne zu ihr, so wie die Unsicherheit zu ihr gehört, damit aber auch der Verdacht. Die demokratische Gesellschaft konstituiert sich aus der Mitführung ihres Anti-Prinzips – aber ihr Negativ ist modern: Es geht nicht mehr darum, dass Herrschaft sich legitimiert durch die Perhorreszierung des Zustands der Herrschaftslosigkeit, der Anarchie oder des Krieges eines jeden gegen jeden (»solitary, poor, nasty, brutish and short«). Ganz im Gegenteil: Das Negativbild der Demokratie ist nicht die Abwesenheit von Herrschaft, sondern Herrschaft ohne Selbstbestimmung, Herrschaft *tout court* – das Autoritäre. Das aber kommt heute nicht mehr in Form des Putsches, des Staatsstreiches, des Coups daher (Luttwak 2016; Runciman 2020) – es sind nicht die Panzer auf der Straße, an denen man erkennt, dass die Demokratie an ihr Ende gelangt ist. Zur quasi alternativlosen Durchsetzung demokratischer Selbstbestimmung als heutzutage einzig legitimer Herrschaftsform gehört, dass der Demokratie nun Gefahr nur noch von der Demokratie selber droht. Die beständige Gefahr besteht darin, dass die Feinde der Demokratie im Namen der Demokratie die Demokratie kapern könnten. Das ist die Unentzifferbarkeit unserer Situation, und es ist das, was sie von früheren Zeiten unterscheidet: Heute lässt sich nur noch ein als Demokratie legitimiertes Ende der Demokratie vorstellen.

Unsicherheit als solche war aber schon immer die Konstante der Demokratie, in dieser Hinsicht hat sich nicht so viel verändert. Die Vorstellung vom Komplott begleitet die Demokratie von Beginn an. Lange vor der Erfindung des Kriminalromans und der wissenschaftlichen Entdeckung der Paranoia (Boltanski 2015) inauguriert die Demokratie mit der Unsicherheit den Verdacht: Die Verschwörung, das Konspirative sind für sie konstitutiv (Horn 2007; Krasmann 2016); Aggressivität gegen die »Feinde im Inneren« als denjenigen, denen man unterstellt, die demokratische Ordnung unterminieren zu wollen, ist ein wiederkehrender demokratischer Impuls (Nora 1996, S. 1227). Phlegma scheint daher auch nun gerade nicht der problematischste Charakterzug der Demokratie zu sein – eher sein Gegenteil: Hypernervosität. Neu ist vermutlich nur, dass die Regeln und Institutionen der Demokratie, die lange Zeit der Einhegung dieses potenziell endemischen Verdachts dienten, weniger und weniger gut zu funktionieren scheinen. Die Auflösung dieser Institutionen, die De-Institutionalisierung der Demokratie, die Krise der Repräsentation (siehe oben Teil I) führen zu einer erneuten unkontrollierten Freisetzung des Verdachts. So also hängen die Demokratisierung und die Entdemokratisierung der Demokratie und die Renaissance der Verschwörungstheorien zusammen.

Der Konflikt *über* die Demokratie gehört *zur* Demokratie, könnte man daraus schlussfolgern:

> Das [...] Krisenhafte der Demokratie ist ihr immanent. [...] [D]er Streit um die Unterhöhlung der Demokratie [ist] weder ein episodisches Ereignis noch ein immer gleiches Verfehlen [...], sondern ein sich stets neu anordnender Konflikt, weil er selbst ein Streit um die Demokratie, ja, weil er als Streit um die Demokratie die Demokratie selbst ist. (Saar 2019, S. 491)

Ist dieser Streit insofern nicht sogar zu begrüßen, zeigt er nicht an, wie lebendig die Demokratie ist?

Einerseits ja – aber andererseits nein. Denn der Konflikt um die Demokratie gerät mit der demokratischen »Metaphysik der Gleichheit« in Widerspruch, schließlich kann es mit den Gegnern der Demokratie keine Gemeinsamkeiten geben.[13] Sich aber als Gleiche anzuerkennen, *Isonomie*, ist die Voraussetzung der Demokratie als Verfahren friedlichen, regelgebundenen Zusammenlebens. Somit muss der (destruktive) Konflikt *über* die Demokratie immer auf Kosten der (konstruktiven) Konflikte *innerhalb* der Demokratie gehen (siehe Abschnitt II.2 unten). Die demokratische Möglichkeit der Kritik an sich selbst wird dann ausgesetzt, muss dann ausgesetzt werden, wenn sie als Gefahr für die Möglichkeit der Selbstkritik erscheint. Selbstkritik wird dann so lange obsolet, wie die Auseinandersetzung als Streit zwischen den Anhängern und den Gegnern der Demokratie gerahmt und geführt wird. Die vorläufige prozedurale Zustimmung, auf der das Funktionieren der Demokratie basiert, wird dann zurückgenommen, wenn sich der Eindruck verfestigt, dass die andere Seite sich ihrerseits nicht an die Regeln halten will. Das zeigt aber an, dass wir uns über die Postdemokratiediagnose schon hinwegbegeben haben. Es geht nicht mehr um die Frage, ob die formale Demokratie nicht vielleicht mittlerweile inhaltlich entleert ist, sondern die aktuelle Debatte wird schon als ein – aus der jeweiligen Perspektive – Kampf zwischen den Verteidigern und den Gegnern der Demokratie geführt.

Re-entry

Dem inklusiven Impuls der Demokratie korrespondiert also ein exklusiver: als Autoimmunreaktion, oder auch nur als Diskurs, der gerne als Autoimmunreaktion erscheinen möchte. Die Demokratie hatte sich die Bewegung zwischen Feindlichkeit und Brüderlichkeit einverleibt (Nora 1996, S. 1227) und sie lange Zeit institutionell stillgestellt. Bricht dieser Widerspruch aber wieder auf, zerstört der Konflikt *über* die Demokratie die Demokratie, denn der einzig zulässige politische Konflikt kann nur *innerhalb* der Demokratie stattfinden, zwischen Konfliktparteien, die sich grundsätzlich als gleichwertig anerkennen (vgl. Mouffe 2014, S. 21-43). Aber natürlich kann ich genau das dem Gegner der Demokratie nicht zugestehen … usw.

Ist man erst einmal auf dieser Ebene des Misstrauens angelangt, wird der Diskurs regelmäßig von einem solchen Fieber ergriffen, dass er seine eigenen Paradoxien nicht mehr zu erkennen vermag: Der Populist, als »selbsterwählter Vertrauensmann der Massen« (Max Weber), kontrastiere das »wahre Volk« und die korrupten Eliten. Er sei als Antipluralist zu kennzeichnen, denn dass der Populismus dazu tendiere, andere aus seiner Vision eines wahren Volks auszuschließen, sei ja das eigentlich Gefährliche an ihm. Ein wahrer Demokrat hingegen ist Pluralist – er würde so etwas nie tun: ausschließen. Das ist völlig ausgeschlossen. Aus dem Kreis der wahren Demokraten ist der Populist folglich auszuschließen. Es ist also geradezu unsere demokratische Pflicht, die Gesellschaft ganz entschieden und mit allen politischen Konsequenzen in zwei Gruppen zu teilen: in diejenigen, die die Gesellschaft in zwei Gruppen teilen, und in die, die das nicht tun.

Im Namen der Integration bekommen wir also die Inflation der Exklusionsverdikte, im Namen der Vernunft die Diskursverweigerungsbefehle, im Namen der Toleranz die großzügige Ausweitung der Verdachtszonen (siehe etwa Zick et al. 2019), im Namen des Gleichheitsprinzips ein »Absprechen von Zeitgenossenschaft« (Fabian 1983) im Kontext einer neuen Binnenethnologie, die den Mitbürger plötzlich als Exoten beziehungsweise Idioten entdeckt hat: Sogenannte »Trump-Safaris« führen dann beispielsweise in die Appalachen, wo man »White Trash« beobachten kann (vgl. Müller 2019, S. 10f.). Ohne den Anflug eines Selbstzweifels wird den rechtspopulistischen Wählern attestiert, sie seien der »Saatboden für einen neuen Faschismus«, gleichzeitig ein zurückhaltender öffentlicher Sprachgebrauch angemahnt und die Spaltung der Gesellschaft beklagt.[14] Das, was sich selbst zur Aufklärung erklärt, schafft aus sich heraus ein wucherndes Gebiet, das es als »Gegenaufklärung« betitelt, und hat längst vergessen, was mit Dialektik früher einmal gemeint gewesen sein könnte. Es zeigt sich: Die wechselseitige Anerkennung, das Bona Fide als Normalzustand, vor dessen Hintergrund sich erst die demokratische Auseinandersetzung vollziehen kann, ist die Grundvoraussetzung, die gerade in der Krise zunehmend fraglich erscheint. Das führt zur Paradoxie: Von den Gegnern der Demokratie zu sprechen zerstört die Demokratie ebenso, wie von den Gegnern der Demokratie zu schweigen.

Demokratiegefährdungsdiagnosen haben daher etwas Selbstverstärkendes, Selbstbestätigendes – es ist der Sog der Dissoziation, der sie so attraktiv macht. Das zeigt sich schließlich am Wiedereintritt der Unterscheidung demokratisch/undemokratisch in die Demokratie als Folge ihres Sieges über alle Alternativen. Die Demokratie kann sich nicht mehr, wie in Zeiten der globalen Systemkonkurrenz, im Gegensatz zu einem totalitären Anderen & Außen vergewissern und stabilisieren. Aber dafür tritt nun das Totalitäre im Eigenen & Inneren auf – zumindest lauten so die besorgten Diagnosen. Das wäre dann die ironische oder tragische, auf alle Fälle aber paradoxe Konsequenz des Endes der Geschichte aufgrund des vollständigen Sieges der liberalen Demokratie (Fukuyama 1989, 1992): die Destabilisierung ihrer Ordnung aufgrund ihres unumschränkten Erfolgs. Vielleicht war die Demokratie als Legitimationsprinzip seit 1789 noch nie so unumstritten. Zugleich aber war auch noch nie so umstritten, was aus ihr eigentlich genau folgt. Nachdem nur noch Demokraten überlebt haben, bilden diese Lager, um sich wechselseitig zu attestierten, in Wahrheit Antidemokraten zu sein.

Die Demokratie kann sich aber nicht ernsthaft selbst zu ihrem Gegenstand machen. Der Parteienwettbewerb kann sich in der Demokratie nicht entlang der Linie demokratisch/undemokratisch formieren – obwohl genau das dauernd suggeriert wird: Wir gegen die Antidemokraten! Natürlich lässt sich so mobilisieren, und zwar – wie sich bei der Europawahl 2019 gezeigt hat – sogar relativ erfolgreich. Aber das läuft auf eine Vorstellung von Demokratie hinaus, die die Möglichkeit eines sich über Wahlen vollziehenden, regelhaften Machtwechsels ja gerade ausschließen muss. Es läuft also auf gar keine Vorstellung von Demokratie hinaus. Insofern wird man im Wiedereintritt der Unterscheidung demokratisch/undemokratisch in die demokratische Auseinandersetzung wohl eher eine Spielart des unernsten Sprechens sehen können. Ein Anzeichen dafür ist das schon öfter vermerkte Missverhältnis zwischen Diagnose und Therapievorschlägen, das die politischen wie politikwissenschaftlichen Demokratiegefährdungsdiskurse kennzeichnet (Britton-Purdy 2018; Haffert

2019; Tooze 2019): »Wenn wir tatsächlich in einer Situation sind, in der der ›Zerfall der Demokratie‹ droht oder in der ›Demokratien sterben‹ können (Levitsky und Ziblatt), dann ist eine sanfte Erhöhung des Spitzensteuersatzes eine bemerkenswert hilflose Antwort auf die so beschriebene Gefahr.« (Haffert 2019, S. 130) Erst eine Krankheit zum Tode diagnostizieren und dann ein bisschen Klangschalentherapie verordnen? Auch das trägt zum Eindruck einer seltsam widersprüchlichen Gleichzeitigkeit bei: Krise und Nicht-Krise der Demokratie, Alarm und *business as usual*, Alarm *als* Routine.

Zum gleichen Befund – alternativlose Durchsetzung der Demokratie als nunmehr alleiniges Legitimationsprinzip politischer Herrschaft und deswegen Re-entry der Unterscheidung demokratisch/undemokratisch in die demokratische Auseinandersetzung selbst – gehört wohl schließlich auch die Beobachtung, dass die abgestorbenen Konkurrenzutopien des 20. Jahrhunderts, Faschismus und Kommunismus, nun *innerhalb* der Demokratie gespenstisch fortzuleben scheinen: als wechselseitiger Verdacht der Lager, die Demokratie entweder völkisch deformieren oder internationalistisch auflösen zu wollen. Verbunden mit diesem Wiedereintritt der großen ideologischen Formationen des 20. Jahrhunderts in dasjenige, das beide gleichermaßen abgelehnt hatten, nämlich die Demokratie (Furet 1998), sind ihre jeweiligen Vollendungsverheißungen, die sie der Zukunft, der zukünftigen Demokratie, der *démocratie à venir* einschreiben wollen. Die Krise der Demokratie ist daher auch Ausdruck der Hypertrophien, die beide

Ideologien pflegen und die sich nun als demokratische artikulieren.

Diskursanreize

Will man verstehen, was der Demokratiegefährdungsdiskurs leistet, muss man sich auch die Frage stellen, was er zum Verschwinden bringt: Über was reden wir eigentlich *nicht*, wenn wir über Trumps Russlandverbindungen reden (Lears 2018)? Vielleicht nicht darüber, dass 2016 mit Hillary Clinton noch einmal vier Jahre wachsende Einkommensungleichheit und interventionistische Außenpolitik zur Wahl standen? Und über was reden wir nicht, wenn wir über die NHS-Lüge des Leave-Lagers reden? Beispielsweise nicht darüber, dass viele Briten (und so manche Nicht-Briten) die EU als übergriffige Techno- und Juristokratie wahrnehmen und das Europäische Parlament als Spielwiese unkritischer Integrationisten, die nur unzureichend demokratisch legitimiert und kontrolliert ihre »Ever closer union«-Agenda vorantreiben? Und über was redet ein Sozialdemokrat nicht, wenn er über die AfD redet? Vielleicht nicht über die SPD?

Zudem fügt sich der Populismusdiskurs oft in eine Betrachtung des politischen Geschehens im Modus retrospektiver Rechthaberei. Am Ausgangspunkt einer solchen Betrachtungsweise steht regelmäßig die Position der Vernunft, die ganz zufällig immer mit den politischen Präferenzen desjenigen übereinstimmt, aus dessen Sicht die Betrachtung der politischen Lage gerade erfolgt (und meist auch mit den Präferenzen des Teilpublikums, zu dem er oder sie gerade spricht). Vernunft kann wahlweise meinen: Clinton und nicht Trump, Macron und nicht Le Pen, Einhalten statt Verletzen der Maastricht-Kriterien, Remain statt Leave, Mittelmeermission Sophia statt Hafensperrung für Seenotretter usw. usf. Dann folgt der Auftritt eines populistischen Schurken, von Lug und Trug, Demagogie und politischer Verführung, von dumpfen, ressentimentgetränkten Wählern, die leicht zum Opfer solcher Schurken werden, weil es ihnen an Reflexionsvermögen mangelt. Dies alles, um zu erklären, wie sich, wider alle Regeln der Vernunft, die Unvernunft gegen die Vernunft hat durchsetzen können: Warum Trump gewählt werden konnte, warum die italienische Regierung sich nicht an die Brüsseler Haushaltsvorgaben hält und zugleich die Häfen sperrt, warum Leave 51,9 Prozent erhielt. Wäre es aber mit rechten Dingen zugegangen ...

Außerhalb des Möglichkeitsraums muss bei dieser Betrachtungsweise von Politik bleiben, dass es für eine andere politische Position Gründe hätte geben können. Es ergibt aber durchaus Sinn, zunächst zu unterstellen, dass jemand, der »Leave« ankreuzte, das vermutlich deswegen gemacht hat, weil er oder sie meinte, gute Gründe dafür zu haben, ungefähr so gute wie jemand, der »Remain« ankreuzte. Diesen Gründen sollte sich zuwenden, wer etwas über die Wahrnehmung von Transformationsprozessen in unserer Gegenwart herausfinden will. Vermutlich würde dabei auch zutage treten, dass die Gründe anderer ebenso wie die eigenen Motivationen Bindungen unterliegen, die voraussetzungsreich und vielschichtig sind (und sich vorschnellen moralischen Urteilen entziehen). Ferner würde sich womöglich zeigen, dass es insbesondere für diejenigen naheliegen mag, demokratische Ergebnisse der vergangenen Jahrzehnte mit »vernünftigen« Ergebnissen zu verwechseln, denen das politische System bislang stets zuverlässig die Möglichkeiten eröffnet hat, die sie jeweils ins Auge gefasst haben. Wie leicht es doch fällt, sich zum Lager der Verehrer einer Demokratie zu zählen, die es einem verlässlich erspart, zum Lager ihrer Verlierer zu gehören (vgl. Manow 2019).

»Die Ordnung und ihre Feinde« – eine so gewählte Frontstellung hat zudem den angenehmen Nebeneffekt, dass man damit die jeweilige Partikularität des eigenen Standpunkts zum verfassungspolitischen Nachkriegskonsens des Westens aufwerten kann, was dann auch von der Notwendigkeit konkreter politischer Selbstvergewisserung enthebt (die im Einzelfall dann möglicherweise weniger gefestigt ausfiele). Es ist aber alles andere als demokratisch, die eigene Position mit der Demokratie selber kurzzuschließen, auch wenn das als Strategie der politischen Auseinandersetzung sehr reizvoll sein mag. Die polnische Partei Recht und Gerechtigkeit (PiS) hält es für den Untergang Polens, sollte sie abgewählt werden. Ihre Gegner halten es für den Tod der Demokratie, sollte sie nicht abgewählt werden. Beide Einstellungen sind nicht besonders hilfreich, wenn es darum geht, einer Wahl gelassen entgegenzusehen und deren Ausgang dann jeweils auch zu akzeptieren. Auch oder gerade in der Demokratie ist es nicht gut, sich selbst zu wichtig zu nehmen. Die Demokratie funktioniert bei der Entscheidung von Konflikten, die weder völlig trivial noch ganz fundamental sind (vgl. Przeworski 2019, S. 8 und Kap. 9). Der Konflikt *über* die Demokratie kann aber nicht anders denn als fundamental ausgetragen werden. In unserer widersprüchlichen Lage, in der es andauernd »ums Ganze« geht, verbleiben bei einer solchen vereinfachenden Frontstellung, die ja, wie gesagt, den Status quo sakrosankt stellt, nur zwei Politikoptionen. Einerseits Verteilungspolitik: also strukturwahrend hier etwas mehr Geld und dort etwas weniger – oder noch viel besser: überall mehr Geld anzuweisen; andererseits Symbolpolitik: also zum Beispiel der Appell an Werte, von denen man ganz selbstlos unterstellt, dass man sich für sie frei und souverän entscheiden kann.

Ein Ergebnis dieser Überlegungen wäre, dass man diejenigen, denen es wirklich ernst ist, daran erkennt, dass sie mit Demokratiegefährdungsdiagnosen zurückhaltend umgehen. Wir aber erleben gegenwärtig deren Inflation. Aber müssten wir nicht gerade mit den Gegnern der Demokratie so reden, als wären sie keine? Sollte die Demokratie nicht zunächst lehrhaft sein, bevor sie wehrhaft wird? Oder ist ihre Lehrhaftigkeit – einfach unerschütterlich die Gleichheit aller zu unterstellen – nicht ihre eigentliche Wehrhaftigkeit?

2. Demokratie als Staatsform

> Ohne ein historisch informiertes Verständnis von Volkssouveränität ist eine Klärung der modernen Sprechweise von Nationalstaat und Nationalismus nicht möglich.
> *Istvan Hont 2010, S. 447f.*

Warum aber stellt sich das Problem demokratischer Unsicherheit, das ja – wie gezeigt – eine Konstante der Demokratie ist, heute mit so besonderer Virulenz? Warum scheinen sich die grundlegende Spannung und die grundlegende Unsicherheit der Demokratie erst jetzt, in unseren Tagen, zu einer echten Krise der Demokratie auszuwachsen? Wenn wir als Demokratien diejenigen Gesellschaften bezeichnen, die darin übereingekommen sind, unter der Herausforderung der Unsicherheit zu leben (siehe oben), was ist dann das Neue an unserer Situation? Oder befinden wir uns vielleicht gar nicht in einer neuen Lage – gehören die aktuellen Krisendiagnosen bloß zur üblichen Neigung der Gegenwart, sich selbst zu dramatisieren? Schließlich konnte man schon vor über fünfzig Jahren ganz müde sein vom ständigen Krisengerede ... »[W]e are tired of hearing that democracy is in crisis« (C.B. Macpherson) – ein Seufzer in einer Zeit, die heute im (idealisierenden?) Rückblick wie eine relativ stabile Phase der Demokratie erscheint, als sie in einer »zweiten Welle« der Demokratisierung

(Samuel Huntington) gerade große Ausgreifbewegungen unternahm.

Eine erste Antwort auf diese Fragen wurde in den bisherigen Abschnitten gegeben: Neu scheint, dass ein lange Zeit institutionell eingehegter Verdacht nun wieder freigesetzt ist, der Verdacht allgegenwärtig wird und die Vorstellung demokratischer Gleichheit, die *Isonomie*, unterminiert. Das verweist auf die Schwäche der Repräsentativakteure, die zugleich geneigt sind, ihren Verlust an Einfluss und Ressourcen als das Ende der Demokratie insgesamt darzustellen. Eine weitere Antwort soll in diesem Abschnitt gegeben werden. Sie lautet: weil heute mit dem Staat der Bezugspunkt der *Isonomie* selbst zunehmend verschwindet, weil mit dem Staat die äußere Form der Demokratie in die Krise gerät. Auch das, so scheint es, trägt zur Paradoxie unserer Lage bei, zur Krise der Demokratie in Zeiten, in denen sie als Legitimationsprinzip zugleich unumstritten geworden ist: »Staatskapazitäten scheinen zu schwinden [...], und ironischerweise schwinden damit offensichtlich auch die institutionellen Möglichkeiten der Demokratie exakt in Zeiten, in denen das demokratische Ethos zunehmend universale Geltung besitzt.« (Warren 2006, S. 383)

The Constitutive Outside

Den gemeinsamen Grund *staatlich* herzustellen, der die Voraussetzung für die friedliche demokratische Auseinandersetzung bildet, ist das, so denke ich, worauf Ernst-Wolfgang Böckenfördes Reformulierung des »Begriffs des Politischen« zielte:

> Staat als *politische Einheit* bedeutet von diesem Begriff des Politischen her, daß der Staat eine in sich befriedete Einheit und eben deswegen die das Politische umgreifende politische Einheit ist. Sie grenzt sich nach außen von anderen politischen Einheiten ab, innerhalb ihrer verbleiben aber alle Gegensätze, Konflikte und Auseinandersetzungen unterhalb der Ebene einer Freund-Feind-Gruppierung; das heißt, sie werden von einer auf relativer Homogenität der zusammenlebenden Menschen beruhenden Zusammengehörigkeit (Freundschaft) übergriffen und fügen sich mithin der durch das staatliche Gewaltmonopol gewährleisteten Friedensordnung ein. (Böckenförde 1988, S. 285; vgl. dazu jetzt Schmitt 2018 [1927])

Und weiter:

> Die Leistung des Staates als politische Einheit ist somit gerade, alles, was in seinem Inneren an Gegensätzen, Spannungen und Konflikten aufbricht, in dieser Weise zu relativieren und in dieser Relativierung festzuhalten, so daß darüber im Rahmen der staatlichen Friedensordnung in öffentlicher Diskussion, geregelten Verfahren u. ä. eine Auseinandersetzung geführt, über Lösungen gestritten und schließlich eine Entscheidung getroffen werden kann. […] Das ist dann vernünftige Politik, die aus der Einsicht in die Eigenart des Politischen erwächst und davon (mit-)bestimmt wird. (Böckenförde 1988, S. 285 f.)

Hieraus folgt ein ebenso einfacher wie – in gewisser Weise in seiner Einfachheit – brutaler Umkehrschluss: Löst sich der Staat als Einheit auf, ist mit der Rückkehr des Feindes zu rechnen, mit der Rückverwandlung des Gegners in einen Feind – und zwar heute vornehmlich in der Figur dessen, der sich gegen diese Auflösungsbewegung stemmt.

Nahezu identisch mit Böckenfördes Argumenten sind die Schlussfolgerungen, die Chantal Mouffe fast zwanzig Jahre später aus ihrer Schmitt-Lektüre zieht:

> Damit ein Konflikt als legitim akzeptiert wird, muß er eine Form annehmen, die die politische Gemeinschaft nicht zerstört. Das heißt, es muß zwischen den miteinander in Konflikt liegenden Parteien eine Art gemeinsamen Bandes bestehen, damit sie den jeweiligen Gegner nicht als zu vernichtenden Feind betrachten, dessen Forderungen illegitim sind. [...] Obwohl sie sich also im Konflikt befinden, erkennen sie sich als derselben politischen Gemeinschaft zugehörig; sie teilen einen gemeinsamen symbolischen Raum, in dem der Konflikt stattfindet. Als Hauptaufgabe der Demokratie könnte man die Umwandlung des Antagonismus in Agonismus ansehen. (Mouffe 2007, S. 29f.)

Die Kombination aus Staatsbürgerrecht und Wahlrecht konstituiert in der Demokratie gemeinhin diesen »gemeinsamen Raum«. Das ist ebendas, was wir Staat als politische Einheit nennen. Sie liegt in genau dem genannten Nexus aus Staatsbürger- und Wahlrecht, der einen gemeinsamen *rechtlichen* Raum für einen gemeinsamen *physischen* Raum, für ein geteiltes Territorium, definiert (vgl. Dreier 2018, S. 33, mit weiterer Literatur). Das macht Fragen des Zugangs zu diesem Nexus zu den politischsten aller Fragen, deren nachlässige Behandlung ein politisches Projekt eigener Art darstellt. Zugleich kann dieser gemeinsame Raum zwischen den Streitparteien in einem Streit *über* die Demokratie nicht mehr bestehen. Wenn eine demokratische Gesellschaft die »Institutionen [schafft], in denen Konflikte als Gegnerschaft [statt als Feindschaft, PM] ausgedrückt werden können« (Mouffe 2007, S. 42; siehe dies. 2014, S. 28-30), dann kann der Streit *über* die Demokratie nur in den *terms* der Feindschaft ausgetragen werden. Das heißt, die »Freund-Feind-Unterscheidungen« drohen in die politische Gemeinschaft zurückzukehren und sie zu sprengen.

Unter wiederum anderen theoretischen Prämissen, aber mit Bezug auf das hier relevante Stichwort »Entdemokratisierung« kommt Wendy Brown zu einer mit der Böckenfördes (und daher auch mit der Mouffes) in vielerlei Hinsicht übereinstimmenden Diagnose. Ihre Analyse nimmt ihren Ausgangspunkt bei der bereits erfolgten Auflösung des Staates, und sie beleuchtet daher wie in einem melancholischen Rückblick die »Leistungen des Staates als politischer Einheit« unter dem Blickwinkel ihres Verlusts. Brown konstatiert: »[D]ie Erosion der nationalstaatlichen Souveränität durch die Globalisierung und die Beschneidung der souveränen Macht der Nationalstaaten [sind] entscheidende Faktoren für die aktuelle Entdemokratisierung des Westens« (Brown 2012, S. 60f.).

Erodierende Souveränität hat dabei für Brown zwei Konsequenzen:

> Zum einen verliert die Demokratie eine notwendige politische Form und Einfassung, und zum anderen geben Staaten damit jeden Anspruch auf, die Volkssouveränität zu verkörpern und somit den Willen des Volkes auszuführen [...]. Was den ersten Punkt angeht, ist Demokratie, die Herr-

> schaft des Volkes, nur innerhalb einer eigenständigen und begrenzten Einheit sinnvoll und ausübbar – das signalisiert die Souveränität in der Gleichsetzung von Volkssouveränität mit Demokratie. Eine von einem begrenzten souveränen Territorium (virtuell oder buchstäblich) abgetrennte Demokratie ist politisch bedeutungslos; damit das Volk sich selbst regieren kann, muß es eine identifizierbare kollektive Einheit geben, in der die Verteilung seiner Macht organisiert und über die diese ausgeübt wird. Natürlich werden die für eine Demokratie sinnvollen Formen der Machtverteilung schon durch die ungeheure Größe der Nationalstaaten beschränkt, aber wenn sogar dieser Bereich post- und transnationalen Feldern der politischen, ökonomischen und sozialen Macht nachgibt, wird die Demokratie inkohärent. [...] Kurz gesagt, damit das Volk sich selbst regieren kann, muß es *erstens* ein Volk sein, und *zweitens* Zugang zu jenen Gewalten haben, die es demokratisieren soll. Die Erosion der nationalstaatlichen Souveränität durch die Globalisierung untergräbt das erstere, die Entfesselung der Macht des Kapitals zur unkontrollierten Weltmacht eliminiert das letztere Prinzip. (Brown 2012, S. 60-63)

Aber wenn Demokratie »nur innerhalb einer eigenständigen und begrenzten Einheit sinnvoll und ausübbar ist«, dann hat sie immer eine »konstitutive Außenseite« (ebd., S. 63; siehe Mouffe 2007, S. 23 f.). Das will nun einigen als (eigentlicher?) Skandal der Demokratie erscheinen (Balibar 2003; Lessenich 2019; vgl. Schwiertz 2019) und veranlasst sie dazu, ihr politisches Projekt, nämlich die Auflösung dieser konstitutiven Außenseite, einfach schon in die Definition der Demokratie vorzuverlagern. Da es in der Demokratie um Selbstherrschaft gehe, also diejenigen entscheiden sollen, die von diesen Entscheidungen betroffen sind, und da in der modernen Welt ja irgendwie alles mit allem zusammenhängt, müsse es jetzt um das »Aufbrechen der exklusiven Strukturen der Staatsbürgergesellschaft« gehen (Lessenich 2019, S. 104).[1] Das bringt aber nicht den Umstand aus der Welt, dass es keine Demokratie der Menschheit gibt – als politisches Projekt würde es lediglich die Demokratie aus der Welt bringen: »[S]olch eine kosmopolitische Demokratie, würde sie je realisiert, [wäre] nicht mehr als ein leerer Name, der das tatsächliche Verschwinden demokratischer Regierungsformen überdecken und den Triumph der liberalen Form von Regierungsrationalität anzeigen würde« (Mouffe 2018 [2000], S. 54). Oder anders formuliert: »Der Demokratie wohnt also schon immer ein offener Antiuniversalismus inne, der davon ausgeht, daß, wenn der imperiale Traum einer Universalisierung der Demokratie Wirklichkeit würde, er nicht die Form der Demokratie annähme.« (Brown 2012, S. 64) Im Umkehrschluss: Dem Universalismus wohnt schon immer etwas offen Antidemokratisches inne. Der zweite Halbsatz aber kann so bleiben, wie er bei Brown steht: Ist der imperiale Traum des Universalismus dereinst verwirklicht, wird er nicht die Form der Demokratie angenommen haben.[2] Die Verwirklichung dieses Traums würde nicht nur keine demokratische Form annehmen, sondern stattdessen notwendigerweise eine tyrannische: »Der Weltstaat kann seinem Wesen nach nur die Form der Tyrannis annehmen, er wäre die furchtbarste Form der Tyrannis, weil er effektiv allen Arten von Politik, wie wir sie kennen, ein Ende machen würde.« Denn: »Politik und alle Begriffe, die aus diesem Bereich erwachsen, setzen Pluralität, Unterschiedenheit und gegenseitige Begrenzung voraus.« (Arendt 1989 [1957], S. 99).

Der universalistische Expansionismus der Werte und der Märkte

Die Dialektik von Ein- und Ausschluss, von In- und Exklusion, von Offenheit und Geschlossenheit war das, was im Staat eingehegt war und was nun mit seinem Absterben als Widerspruch erneut aufbricht. Die Besonderheit des Nationalstaats bestand darin, dass er als »ein Prinzip, das auf Trennung, Eingrenzung, Abkapselung, Hervorhebung des Einzigartigen, gemeinschaftlichen Partikularismus beruht, zugleich eine Verallgemeinerungsinstanz sein konnte« (Nora 1996, S. 1231). Es muss vielleicht so formuliert werden: Überhaupt nur aufgrund seiner Eingrenzung konnte der Staat Verallgemeinerungsinstanz werden: »*Teilhabe durch Ausschluss*« (Lessenich 2019, S. 17, Hervorhebung im Original).[3] Das ist für die Verwirklichung der Demokratie eine grundlegende Voraussetzung: »Man muss die Existenz von Grenzen voraussetzen, bevor das Prinzip der Volkssouveränität zum Tragen kommen kann.« (Yack 2001, S. 529) Die Verbindung aus Demokratie und Staat, die sich nach 1789 durchsetzt, bringt den Raum, bringt die Territorialität des Staates ins Spiel, und diese Verbindung war etwa für Sièyes unabdingbare Voraussetzung dafür, die Demokratie in der Moderne überhaupt überlebensfähig zu halten (Hont 2010). Das wird man nicht nur als Ausdruck von Realpolitik interpretieren können, denn die Nation (oder der politische Verband oder eben der Staat, das meinte für Sièyes dasselbe, ebd. S. 489)[4] stellt ja gerade die notwendige institutionelle, repräsentative Form des neuen Herrschaftsprinzips bereit. Wer die in der Französischen Revolution begründete Gleichursprünglichkeit »von privater und staatsbürgerlicher Autonomie«, von Menschenrechten *und* Volkssouveränität betonen will, sollte den historischen Kontext und die konkrete Funktion dieser Gleichursprünglichkeit nicht vergessen, nämlich die mit den Menschen- und Bürgerrechten beabsichtigte »Neuordnung des kollektiven Raums«, der es darum ging, die »individuellen Rechte in die Macht der Nation zu verwandeln« (Gauchet 1991, S. 14 und S. 21) – wobei Nation hier gemäß dem französischen Sprachgebrauch eben immer als politischer Verbund zu verstehen ist, als genuin politische, nicht als vorpolitische Einheit. So wurde seit 1789 »das Fortschreiten der Demokratie in Europa stets nach der zweifachen Maßgabe von Revolution und Nation vollzogen und erlebt« (Furet 1998, S. 56f.). Diese Verbindung mit ihrer nun mehr als zweihundertjährigen Geschichte lässt sich nicht verlustfrei aufkündigen.

Diese Grundbedingung moderner, repräsentativer Demokratie wird allerdings selten betont oder findet neuerdings nur noch als Skandal Erwähnung. Der blinde Fleck scheint bereits bei Hegel angelegt. Wem es allein um die Idee des Staates geht, die als seine Vernünftigkeit und Allgemeinheit erscheint, der meint, von den je konkreten, *besonderen*, *historischen*, *empirischen* Erscheinungsformen des Staates absehen zu können. Der spezifische Ursprung eines konkreten Staates »geht die Idee des Staates selbst nicht an« (Hegel 1986 [1820], § 258, S. 400). Der konkrete Staat gerät daher aus dem Blick und die je besonderen Rechtsverhältnisse mit ihm: »Hegel erklärt [...] nicht, wie ein Herr von einem anderen Herrn anerkannt werden kann. Anders gesagt, er erklärt nicht die Entstehung des Staates.« (Kojève 1975 [1947], S. 329) Das ermöglicht es, seine Geschichte als völlig abstrakte Universalisierungsgeschichte zu erzählen. Es ist plausibel, diese Auslassung dem historischen Entstehungskontext der Theorie zuzuschreiben:

> [Hegels] Neubesinnung auf das, was Preußen war oder vielmehr sein sollte, hatte unter den Bedingungen einer französischen Quasi-Okkupation zu erfolgen [...] [, wobei] die wichtigsten Reformziele auf die Durchsetzung von Errungenschaften der Französischen Revolution auch in Deutschland hinausliefen [...]. (Koschorke 2015, S. 40)

Die mit seinem Entwurf somit verbundene doppelte nationale Selbstverleugnung ließ sich wohl gerade nicht durch das »Gewand nationaler Autochthonie« verdecken (ebd.), sondern vielmehr durch sein genaues Gegenteil, nämlich durch eine abstrakt universalistische Gestalt der Idee, also durch eine Idee des Staates ohne eine konkrete Geschichte des Staates.

Fukuyama, der mit Hegel im liberalen Staat den Endpunkt der geschichtlichen Entwicklung sehen will, setzt die Strategie fort, eine Frage als beantwortet darzustellen, indem man vermeidet, sie zu stellen. Für ihn ist evident: »Der liberale Staat ist notwendig *universal*, das heißt, er bietet allen Bürgern Anerkennung, weil sie menschliche Wesen sind« (Fukuyama 1992, S. 280). Ein solcher Satz belegt zunächst nur eine bemerkenswerte Begriffsverwirrung oder doch zumindest Uneindeutigkeit. Denn den *citizen* gäbe es ja ohne Staat gar nicht, der Staatsbürger ist aber jeweils Bürger eines spezifischen Staates. An dieser Beziehung ist nichts universal, sondern alles besonders – das reine Menschsein ist eben gerade nicht seine Grundlage, denn sonst wären entweder Nicht-Staatsbürger keine Menschen oder alle Menschen schlicht aufgrund ihres Menschseins Bürger eines jeden Staates. Beides wären völlig absurde Konsequenzen. Bei Fukuyama, wie bei Hegel, ist also das Entscheidende immer schon passiert, jede ist bereits Bürgerin eines besonderen Staates, und *gegenüber ihr* handelt der Staat dann universal. »The particular law that binds a particular people is universal.« (Chatterjee 2020, S. 27) Die Gleichheit muss immer durch den einzelnen, besonderen Staat hindurch (vgl. Moyn 2012). Das Paradox der Gründungserzählungen bei Hegel wie Fukuyama besteht also darin, »einen Teil dessen, was sie zu erklären beabsichtigen, schon vorauszusetzen«, bereits mit den »Leitunterscheidungen [zu] operieren«, deren In-die-Welt-Kommen sie doch eigentlich erklären wollen (Koschorke 2007, S. 7f., vgl. Koschorke 2015, Kap. 7).[5]

Das je spezifische Anerkennungsverhältnis, das in

der Demokratie zum Ausdruck kommt, als ein besonderes, eines zwischen konkreten Bürgern und einem konkreten Staat, zeigt aber: Demokratie als Staatsform institutionalisiert mit ihrer spezifischen demokratischen Gleichheit zwangsläufig immer zugleich Ungleichheit, Isonomie *und* Heteronomie. Wir kennen daher auch keine (moderne) Demokratie, die nicht eine staatliche wäre[6] – trotz aller Versuche, so etwas herbeizuschreiben (als Überblick über den Debattenstand siehe Cassese 2018). Im Gegenteil: Die Delegation politischer Entscheidungsfragen an überstaatliche Instanzen untergräbt mit jedem Delegationsakt das Funktionieren demokratischer Zurechnungsmechanismen dort, wo sie bislang allein funktioniert haben: auf einzelstaatlicher Ebene. So *hat* die Europäische Union nicht nur ein Demokratiedefizit, sondern *generiert* eines für ihre Mitgliedstaaten (Scharpf 2015). Der Brexit zeigt das an. Das Problem ist hier nicht nur eines der unklaren Verantwortlichkeitszurechnung (Wer ist für eine politische Entscheidung in der EU eigentlich verantwortlich?), ganz abgesehen von dem Umstand, dass ja ein Großteil der Integration sich überhaupt nicht per irgendwie revidierbarer politischer Entscheidungen, sondern per Richterrecht auf der Basis de facto unabänderbarer Verträge vollzieht (Schmidt 2018): »Das Recht wird durch die Konstitutionalisierung vor der Politik geschützt und gegen demokratische Gestaltung immunisiert.« (Moulin-Doos 2017, S. 308) Und das Problem ist auch nicht nur eines der mangelnden demokratischen Sanktionierungsmöglichkeiten (Wie kann man die EU-Kommission eigentlich abwählen?). Das Problem ist darüber hinaus eines des »Selbst« in der Definition der Demokratie als kollektiver Selbstregierung (Wer genau regiert sich eigentlich selbst in Europa?).[7]

Aber genau *weil* Fukuyama, wie Hegel, den Umstand ausspart, dass Bürger immer die eines spezifischen Staates sind – eine Aussparung, die sich als notwendig erweist, damit dann beide den Staat, post festum, als eine universale Universalisierungsmaschine beschreiben können –, bleibt auch seine Antwort auf die Frage, wie sich das Verhältnis der Staaten untereinander darstellt, wenn sie erst einmal in der Welt sind, unzulänglich. Fukuyama stellt sich das analog zur letztlich in Gleichheit mündenden Entwicklung des hegelschen Herr-Knecht-Verhältnisses vor:

> In der liberalen Demokratie ist das irrationale Bedürfnis, größere Anerkennung zu finden als andere, durch das rationale Bedürfnis ersetzt, als gleichwertig anerkannt zu werden. In einer Welt liberaler Demokratien müßte demzufolge die Neigung zu Kriegen viel geringer sein, da alle Nationen ihre Legitimität gegenseitig anerkennen. (Fukuyama 1992, S. 22f.)

So sind schließlich alle Staatsbürger von ihrem jeweiligen Staat »universal« anerkannt, und alle Staaten erkennen sich wechselseitig vollständig an – am Ende der Geschichte, so wie es Fukuyama skizziert, stehen dann beide, liberale Demokratie und Kapitalismus, politischer wie ökonomischer Liberalismus, als Sieger ganz harmonisch nebeneinander. Dadurch gerät aber nicht in den Blick, dass Letzterer in seiner unaufhaltsamen Expansionsbewegung die notwendige Form von Ersterem, nämlich die Staatsform, sprengt und sich dabei oft eines ebenfalls aus dem staatlich-demokratischen Rahmen drängenden Rechts bedient (Hirschl 2007), das als liberales Schutzrecht ohnehin einen systematischen Verdacht gegen politische Kollektiventscheidungen hegt. Die »politics of the state« mehr und mehr durch die »morality of the globe« zu ersetzen (Moyn 2010, S. 43) muss aber die auf staatlicher Ebene als bereits geklärt erscheinenden Anerkennungsfragen erneut aufbrechen lassen. Deswegen fällt dann auch Fukuyamas Erklärungsversuch für die heftige Rückkehr politischer Identitätskonflikte, die doch eigentlich seit 1989 alle abschließend geklärt sein sollten – Staaten erkennen zunächst alle ihre Bürger und dann auch sich wechselseitig als gleich an –, so wenig überzeugend aus (Fukuyama 2019). Aber vermutlich ist genau an dieser Stelle, an der Stelle zwischen dem partikularen politischen Anerkennungsverhältnis und dem universalistischen Expansionismus der Märkte und der Werte, eine zentrale Ursache für die Widersprüchlichkeit einer Gegenwart zu suchen, die kein anderes Prinzip als die Demokratie mehr kennt, die Voraussetzungen seiner Geltung jedoch zunehmend beschränkt.

Vor diesem Hintergrund ließen sich verschiedene aktuelle Entwicklungen als Ausdruck einer gemeinsamen historischen Bewegung verstehen. Einerseits ist in Westeuropa der jüngste Aufstieg populistischer Parteien wesentlich als Reaktion auf zwei Europäisierungskrisen – die Eurokrise 2010ff. und die Flüchtlingskrise 2015ff. – zu verstehen (Manow 2018). Jeweils stellte sich die grundlegende Frage nach der demokratischen Legitimation der in der Krise getroffenen Entscheidungen, wobei dann ja bezeichnenderweise auch die zentralen vertraglichen Übereinkommen – der Stabilitäts- und Wachstumspakt einerseits und »Dublin« andererseits – im Zuge einer Politik des Ausnahmezustands schlicht aufgekündigt wurden (vgl. White 2015). Es ist nicht übertrieben, das als eine konstitutionelle Krise Europas zu charakterisieren. Zugleich »demokratisiert« sich dasjenige politische System, das mit seinen Institutionen noch am deutlichsten den republikanischen Prinzipien des 19. Jahrhunderts folgt – die Vereinigten Staaten –, ebenfalls bis zur Verfassungskrise. In dem Maße, wie der fundamentale politische Konflikt von den Institutionen Besitz ergreift, führt das zur vollständigen Lähmung eines auf *checks & balances* ausgerichteten Systems. Und genau die beiden Vorkehrungen, mit denen die Verfassungsväter das politische System vor einem Präsidenten wie Trump schützen wollten, das *Electoral College* und das Impeachment-Verfahren, haben sich als dazu ungeeignet erwiesen: »Beginnt das politische System zu schlingern, schlingern alle Institutionen mit.« (Siehe oben.)[8] Stattdessen kommuniziert ein Präsident mit cäsaristischen Tendenzen jenseits der Repräsentativverfassung direkt mit dem Volk im Dienste einer neuen Souveränität, die sich sowohl innenpolitisch aller institutionellen Bindungen wie auch außenpolitisch aller Verpflichtungen aus internationalen Verträgen und Abkommen zu entledigen trachtet. Das Ende des Liberalismus *at home & abroad* ist nun aber noch kein Faschismus. Auch das Vereinigte Königreich treibt es im Namen der Rückaneignung politischer Souveränität aus der Europäischen Union heraus, und als Konsequenz droht sein Auseinanderbrechen in Nationen – England, Schottland, Irland – durch Sezessionsbewegungen, die sich auf exakt dasselbe demokratische Selbstbestimmungsprinzip berufen. Auch Spanien ist angesichts der katalanischen (und momentan weniger ausgeprägt: der baskischen) Unabhängigkeitsbewegung mit einer eigenen Staatskrise konfrontiert, und die Sezessionsbestrebungen regen sich in einer Zeit, in der die Verbindlichkeit und die Bedeutung des Nationalstaats im Kontext der europäischen Integration stark abgenommen haben.

Es ist meines Erachtens kein Zufall, dass es sich bei den genannten Ländern allesamt um geschichtlich frühe Beispiele moderner Nationalstaatlichkeit handelt (Schieder 1991). Diese hatte sich in Europa *chronologisch* als Abfolge aus monarchisch geeintem, dann absolutistisch zentralisiertem und schließlich demokratisch revolutioniertem Staat (skizziert in Hont 2010, S. 456-463) ausgebildet und *geografisch* von West nach Ost vollzogen, und zwar zunächst als Konsolidierung und Zentralisierung territorialer Herrschaft (England, Frankreich, Spanien), dann als Vereinigung verschiedener Herrschaftsterritorien (Italien, Deutschland) und schließlich als Sezession – Staatsbildung als Zerfallsprodukt der Auflösung des Habsburger-, Zaren- oder des Osmanischen Reiches am Ende des 19. und zu Beginn des 20. Jahrhunderts (Serbien, Ungarn, Polen etc.;

siehe Schieder 1991). Diese Bewegung, so scheint es, kehrt nun an ihren geografischen wie chronologischen Anfangspunkt zurück: den Westen. Es ist im Rahmen dieser Deutung nicht weiter überraschend, dass sich der Osten nicht nur aufgrund von viereinhalb Jahrzehnten des erzwungenen Internationalismus am vehementesten gegen den Verlust der ja gerade erst errungenen politischen Souveränität wehrt (und es ist ebenfalls nicht überraschend, dass ein als antidemokratisch identifiziertes Element in dieser Abwehrbewegung vor allem den Versuch darstellt, den Einfluss europäischer Rechtsprechung auf die nationale Politik spürbar einzuschränken).

Die mit dem modernen Staat auftretende Gleichzeitigkeit von »gemeinschaftlichem Partikularismus« und »Verallgemeinerung« zeigt also, dass das, was man jüngst als neuen Konflikt zwischen »Kosmopoliten« und »Kommunitaristen« entdeckt zu haben meint, in Wirklichkeit mehr als 200 Jahre alt ist. Aber in Zeiten, in denen die »unauflösbare Mischung« aus Nationalismus und »universalistischem Expansionismus« (Nora 1996, S. 1231), die mit der Französischen Revolution in die Welt kam, sich nun doch als auflösbar erweist, insbesondere weil sich der universalistische Expansionismus der Rechte im Schatten des universalistischen Expansionismus der Märkte vollzieht, bleibt – so scheint es – unterm Strich immer nur die eine Möglichkeit als ethisch akzeptabel übrig: die Deprogrammierung der Nation. Sie bekommt das Ansehen einer rückständigen Inklusionsbarriere, die es abzubauen gilt, um »die Welt fairer zu machen«. Die Monopolisierung der Teilnahmesemantiken und der ökonomische Individualismus gehen im Namen einer Souveränität des liberalen Ichs Hand in Hand. Auf der Strecke bleiben Dinge wie Solidarität, föderaler Ausgleich, Eigensinn und Eigenlogiken oder Projekte der Symmetrisierung von Bedingungen und Möglichkeiten nicht durch gleiche Normen oder Währungen, sondern durch demokratische Infrastrukturen und Institutionen – als Bedingung dafür, dass Verrechtlichung und Normierung im europäischen oder im globalen Maßstab nicht nur als Festschreibung ungleicher Verhältnisse, als demokratisch nicht mehr rückgekoppelte Kodifizierung des Privilegs, wirksam werden. Denn die unvermeidliche Rechtsauslegung und daher Rechtsfortbildung lässt sich ja bei internationalen Abkommen oder in der EU kaum mehr legislativ wieder zurechtrücken – weder auf nationaler noch auf supranationaler Ebene (vgl. für die EU Schmidt 2018; für die World Trade Organization [WTO] exemplarisch Dreier 2018). Die Verlustrechnung dieser »Dekonsolidierung nationaler Territorialität« (Hooghe/Marks 2017, S. 5), die eben vor allem eine demokratische Verlustrechnung ist, wird vom Populismus präsentiert.

Für die Möglichkeit, dass mit der Universalisierung die Voraussetzungen dessen erodieren könnten, was man unbedingt universalisieren will und was sich hier als die mit einem spezifischen Staatsbürgerstatus verbundenen politischen und sozialen Ansprüche auf Solidarität bezeichnen ließe, hat das universalistische Argument keinen systematischen Platz. Genauso wenig wie für die Einsicht, dass dann, wenn alle wichtigen politischen Entscheidungsbereiche konstitutionalisiert sind, der politische Streit zwangsläufig die Form einer Verfassungskrise annehmen muss.[9] Oder dafür, dass es nicht unproblematisch ist, wenn sich mit der Expansion der Rechte das Kodierungsverhältnis zwischen Recht und Politik tendenziell umkehrt: von der demokratisch legitimierten Positivierung des Rechts, das dann durch Rechtsprechung ausgelegt wird, hin zur weitgehenden Programmierung der Politik durch ein autonomes, dieser Positivierung gerade entzogenes Recht (Hirschl 2007; Sumption 2019) – wobei aber die Verantwortungszurechnung für die Folgen, in schönster Asymmetrie, eine politische bleibt, keine juristische wird.

Die Selbstermächtigungsdiskurse im Namen des Universalismus schaffen stattdessen prominente Positionen, die Hierarchien gerade dort intakt lassen, wo Wahlen als weiterhin national verfasste Veranstaltungen sie womöglich durcheinanderbringen könnten. Demokratie ist aber an starke institutionelle Rahmungen gebunden, die Gleichheit strukturell garantieren, anstatt sie auf moralische Ansprüche zu reduzieren, die diejenigen privilegiert vortragen können, die dazu besonders ausgebildet worden sind. Es ist daher kein Zufall, dass sich den Proponenten dieses Diskurses insbesondere »Europa« als freie Projektionsfläche für allerlei hehre Werte anbietet, in deren Namen man dann – von solchen demokratischen Zumutungen wie etwa Mehrheitsfähigkeit unbelastet – Handeln »der Politik« einfordert: Europa als »Zwischenlager für fromme Wünsche« (Wolfgang Streeck). Adressat dieser Appelle ist eine politische Elite, auf die man setzen muss zur Verwirklichung des je eigenen Ideenhimmels. Die dabei bemühten Formeln – etwa »Mut zur politischen Gestaltung« – sind Code für die Aufforderung, sich über Mehrheiten hinwegzusetzen, und damit Ausweis einer bestenfalls halben Haltung zur Demokratie: Sie erscheint so lange legitim, wie sie als Wunscherfüllungsmaschine einer liberalen Mitte funktioniert, der es aber auch nicht weiter schwerfällt, sich mit einer anderen Herrschaftsform anzufreunden, solange die ihr ungefähr dasselbe zu liefern verspricht.

Schluss: Demokratie gegen Demokratie

In den vorherigen Abschnitten wurden unter den Titeln »Demokratisierung« und »Entdemokratisierung der Demokratie« zwei Prozesse näher beschrieben, die sich implizit auf jeweils unterschiedliche Verständnisse von Demokratie bezogen – einmal auf ein, wenn man so will, etymologisch-ideengeschichtliches und einmal auf ein prozedural-institutionelles. Das erste nimmt den Begriff wörtlich: Demokratie ist Herrschaft des Volkes. Demokratisierung bedeutet dann Ausweitung politischer Partizipation bzw. politischer Partizipationschancen. Das zweite stellt auf den regelkonformen, durch Wahlen veranlassten Machtwechsel ab. Entdemokratisierung meint dann den drohenden Regelbruch bzw. die Paralyse, die einsetzt, wenn im Schatten eines solchen für möglich gehaltenen Regelbruchs nur noch *über die*, aber nicht mehr *innerhalb der* Demokratie gestritten wird. Das erste Demokratieverständnis zielt auf eine politische Praxis, das zweite auf eine institutionelle Form. Die These lautete dabei im Kern, dass eine – im ersten Abschnitt als Demokratisierung der Demokratie beschriebene – Ausweitung der Partizipationschancen die institutionellen Funktionsbedingungen der Demokratie zu bedrohen scheint, insbesondere wenn sie auf eine Konstellation trifft, in welcher der Staat als »eine in sich befriedete und eben deswegen das Politische umgreifende politische Einheit« (Böckenförde) zunehmend an Bedeutung verliert. Das hängt auch damit zusammen, dass sich mit dem Staat jener Rahmen auflöst, an den der Pöbel appellieren konnte, um seinen Ausschluss zu revidieren. Der Pöbel kehrt lautstark wieder, weil die Macht keine Integrationsangebote mehr unterbreiten will oder kann, die auf Gemeinsamkeiten beruhen.

Die zwei unterschiedlichen Demokratiekonzeptionen könnte man entlang der Unterscheidung einer aktuellen Debatte auch so kennzeichnen: Die erste steht für das Politische, die zweite für die Politik (vgl. Bedorf/Röttgers 2010; Bröckling/Feustel 2010; Marchart 2010).[1] Beide befinden sich in einem Spannungsverhältnis und werden gerne gegeneinander ausgespielt – und das geht in der betreffenden Literatur immer zugunsten des Politischen und immer zulasten der Politik aus, für die man letztlich nur Verachtung übrighat. Politische Theorie verkümmert darüber zum Wettbewerb um die Raffinesse in der Produktion politischer Pathosformeln, die es Autor und Lesern, Sprecherin und Publikum ermöglichen sollen, sich irgendwie kritischer, progressiver, widerständiger zu fühlen: »Unvernehmen«, »Ereignis«, »Subversion«, »Unterlaufen der Ordnung«, »Unterbrechung«, »Rebellion«, »Bresche«, »Widerstand – Aufstand – Ungehorsam« usw. usf. (siehe Comtesse et al. 2019). Aus dieser Perspektive ist »die Welt« die Menge an Episoden, die man anekdotisch aufrufen kann, um sich zu empören. »Die Politik« hingegen ist die Menge an staatlichen Maßnahmen, denen sich im Umgang damit Unzulänglichkeit attestieren lässt.

Das beschert uns Reflexionen zur gegenwärtigen Lage der Demokratie, in denen Wörter wie »Parlament«, »Verhältniswahl« oder »Mehrheitsfraktion« kein einziges Mal auftauchen, verfasst in einem Geist, der es für eine Auszeichnung hält, von der real funktionierenden Demokratie, über deren Krise man räsoniert, keine Ahnung zu haben – denn das sei ja »bloße Politik«. Der Vorwurf an die akademische, positivistische Politikwissenschaft lautet, sie habe sich im empirischen Klein-Klein verloren und dabei verlernt, die großen Fragen zu stellen – so als könne man die großen Fragen beantworten, ohne nicht zugleich auch auf die zahlreichen kleinen Fragen der Demokratie eine Antwort zu haben oder ohne sie wenigstens zu stellen.[2]

Im Namen einer radikalen Politik kokettiert etwa Slavoj Žižek mit seiner Indifferenz gegenüber dem, was er abschätzig »formale Demokratie« nennt, und meint: »[W]as zählt, ist nicht die Art und Weise, wie die Regierung gewählt wird, sondern der Druck, der durch die Mobilisierung und Selbstorganisation des Volkes auf sie ausgeübt wird.« (Žižek 2012, S. 127)[3] Wenn die Art und Weise, *wie* die Regierung gewählt wird, gar nicht zählt, ist es eigentlich auch egal, *ob* eine Regierung überhaupt gewählt wird. Hier hat jemand die Verachtung der Institutionen zum Geschäftsmodell seiner intellektuellen Brillanz gemacht. Sich das »terroristische Potential« der Demokratie zurückzuwünschen (ebd., S. 127), geht anscheinend – selbst nach dem Jahrhundert des Terrors – bei vielen als ernst zu nehmender Debattenbeitrag durch. Aber der Beifall dazu bleibt offenkundig in dem Maße aus, in dem die Institutionen der Demokratie ihre Selbstverständlichkeit verlieren. Es ist das Verächtlichmachen demokratischer Institutionen als frivoler Sport, den sich öffentliche Vordenker so lange meinten erlauben zu können, wie diese Demokratie im Hintergrund recht verlässlich und unbeeindruckt weiterfunktionierte, so dass man vom Druck durch die »Mobilisierung und Selbstorganisation des Volkes« raunen konnte, ohne sich intellektuell darüber Rechenschaft ablegen zu müssen, welche genaue politische Ausprägung diese Mobilisierung denn womöglich annehmen würde. Diese Zeiten sind offensichtlich vorbei.

Angebrochen sind hingegen Zeiten, die in spezifischer Weise aus dem Gleichgewicht geraten zu sein scheinen. Die fehlende Balance ist aber, so wurde in den vorherigen Abschnitten argumentiert, durch die Diagnose »Krise der Demokratie« nur unpräzise und daher potenziell irreführend eingeordnet. Hier wurde stattdessen die These entwickelt, dass wir nicht nur mit keiner Krise der Demokratie konfrontiert sind, sondern ganz im Gegenteil, mit einer Demokratisierung der Demokratie, die sie aus ihrer institutionellen und konstitutionellen, und das heißt auch aus ihrer internationalen Einhegung mehr und mehr hinausführt. Dieser Prozess sollte vor allem als Antwort auf eine fortschreitende Entpolitisierung verstanden werden, wenn durch die Delegierung von Entscheidungen an nichtmajoritäre Institutionen oder durch die Fortbildung internationalen Rechts Prinzipien des Gemeinwesens von diesem Gemeinwesen – nicht zuletzt im Dienste einer Fort- und Festschreibung politischer und ökonomischer Privilegien – zunehmend gelöst werden.

Anmerkungen

Einleitung:
Eine Politische Theorie des Populismus

1 Im Original: »We are tired of hearing that democracy is in crisis.« In der deutschen Übersetzung des Textes (Macpherson 1967) ist dieser Satz nicht zu finden.

2 Postkapitalismus (Mason 2016) ist dann immer noch keine Diagnose und auch keine Prognose, sondern bleibt ein Postulat (siehe auch Žižek 2010).

3 Insofern hat es eine gewisse Folgerichtigkeit, dass Guéhennos *La fin de la démocratie* im Englischen *The End of the Nation State* betitelt wurde. Man hätte als Buchtitel aber genauso gut »Das Ende der Politik« wählen können; so lautet die Überschrift des dritten Kapitels, das mit dem Satz beginnt: »Das Ende der Nation bringt den Tod der Politik mit sich.« (Guéhenno 1998, S. 39) Als Ersatz preist der Autor dann Technokratie an: »Die Frage nach der Legitimität wird allmählich ebenso unpassend wie das Nachdenken über die ›Rechtmäßigkeit‹ oder ›Unrechtmäßigkeit‹ eines Computerprogramms. Das sanfte Brummen der gesellschaftlichen Maschinerie genügt sich selbst.« (Ebd., S. 87) Und was, wenn dieses »sanfte Brummen« aussetzt? Eine politische Ordnung ohne Legitimität ist ein Albtraum.

4 Die beiden Arbeiten seien hier stellvertretend für viele Studien genannt, die diesen Nexus ebenfalls betonen. Eine unvollständige Liste weiterer Beispiele: Autor et al. 2016; Becker/Fetzer 2017; Becker et al. 2017; Colantone/Stanig 2018; Dijkstra et al. 2018; Funke et al. 2015; Guiso et al. 2017; Rodríguez-Pose 2018.

5 Stellvertretend für viele: »Während sich dieses turbulente Jahrhundert dem Ende zuneigt, scheint liberale Demokratie als einzig legitime Regierungsform anerkannt zu werden.« (Mouffe 2018 [2000], S. 85) »Demokratie, darunter verstehe ich kollektive Selbstregierung, erfreut sich in der heutigen Welt außergewöhnlicher Legitimität.« (Warren 2006, S. 382) Der Sieg wurde als so unumschränkt wahrgenommen, dass dies als das eigentlich Erklärungsbedürftige schien: »Warum ist die Demokratie zum überwältigend vorherrschenden, ja zum geradezu exklusiven Anwärter dafür geworden,

die Standards legitimer politischer Herrschaft zu definieren?« (Dunn 1992, S. 239; siehe auch Dunn 2006)

6 Ohne dass die von Freedom House selbst präsentierten Daten diesen Befund vollkommen stützen würden: »Zwischen 1988 und 2005 ging der Anteil der Staaten, die im Freedom-of-the-World-Index als ›unfrei‹/›nicht frei‹ klassifiziert wurden, um fast 14 Prozentpunkte zurück (von 37 auf 23 Prozent), während der Anteil ›freier‹ Staaten zunahm (von 36 auf 46 Prozent). Diese Welle des Fortschritts zieht sich nun wieder zurück. Zwischen 2005 und 2018 stieg der Anteil der ›unfreien‹/›nicht freien‹ Staaten auf 26 Prozent, während der Anteil ›freier‹ Staaten auf 44 Prozent zurückging.« (Freedom House 2019, S. 1) Würden wir diese Daten rein für sich sprechen lassen, beschränkte sich die gegenwärtige »Krise« der Demokratie also letztlich auf einen sehr leichten Rückgang (2 Prozent!), nachdem zuvor substanzielle Zugewinne an Freiheit verzeichnet worden waren.

7 »Das demokratische Ideal herrscht mittlerweile uneingeschränkt, und doch stehen die Systeme, die sich auf dieses Ideal berufen, fast überall heftig in der Kritik.« (Rosanvallon 2017, S. 9)

8 Die Definitionen, die Mudde und seine Kollegen anbieten, lauten für *linksradikale Parteien*: »Parteien, die die Strukturen des gegenwärtigen Kapitalismus ablehnen und für eine Alternative zu den hergebrachten Formen der Machtverteilung in Wirtschaft und Politik eintreten. Sie sehen in der ökonomischen Ungleichheit das Hauptmerkmal gegenwärtiger sozialer und politischer Verhältnisse und fordern eine massive Umverteilung von Ressourcen zulasten der herrschenden Eliten.« Für *populistische Parteien* lauten sie: »Parteien, für die die Gesellschaft letztlich in zwei jeweils homogene und sich antagonistisch gegenüberstehende Gruppen gespalten ist, das ›wahre Volk‹ gegen die ›korrupte Elite‹, und die die Idee vertreten, Politik sollte der möglichst unverfälschte Ausdruck eines volonté générale des Volkes sein.« (Roodujin et al. 2019)

9 80 Prozent der befragten US-Amerikaner halten es für »gut« oder »sehr gut«, ein demokratisches System zu haben, 17 Prozent für »schlecht« oder »sehr schlecht« (Angaben auf der Basis der Daten, die auf www.worldvaluessurvey.org online frei verfügbar sind).

10 Anders und spezifischer formuliert: Es gibt ein eigentlich schwer zu übersehendes »Entsprechungsverhältnis zwischen dem Niedergang demokratischer Praktiken im europäischen Raum [...] und dem sich allgemein vollziehenden Aufstieg einer extremen, sogenannten ›po-

pulistischen‹ politischen Rechten.« (Balibar 2016, S. 14) Das gilt natürlich nicht nur für die populistische Rechte, sondern ebenso für die populistische Linke (siehe dazu auch Moulin-Doos 2017).

11 Einen guten Überblick über die und eine instruktive Diskussion der Postdemokratie-Debatte bietet Saar 2019.

12 Im Unterschied etwa zu Offe 2003.

I. Die Demokratisierung der Demokratie

1. Pöbel und Volk

1 David Humphreys, *The Anarchiad. A New England Poem* (1786/87), zitiert nach Laniel 1998, S. 66.

2 »Wenn [...] die Masse tatsächlich all das ist, was ihr nachgesagt wird –: triebhaft, destruktiv, gewalttätig, unberechenbar, augenblicksbezogen, launisch, ohne die Fähigkeit planender Voraussicht, heteronom bestimmt, substantiell minderwertig –, dann ist sie offensichtlich eine Frau.« (Blättler 1995, S. 233) Und das ist dann ja auch die Schlussfolgerung, die Le Bon zieht: Die Menge ist weiblich.

3 Diese Sicht findet momentan wieder vermehrt Anhänger (vgl. z. B. Brennan 2017).

4 Wobei es für diese Diagnose unerheblich ist, ob die Menge »kopflos« oder »vielköpfig« ist (vgl. Linebaugh/Rediker 2008).

5 Übereinstimmend John Stuart Mill: »Männer wie Frauen brauchen politische Rechte nicht, um regieren zu können, sondern als Schutz gegen Missregierung.« (Mill 2013 [1861], S. 155)

6 Hobbes, der hellsichtigste, unerbittlichste unter allen Politischen Philosophen, kommentiert hierzu nur trocken: »Denn alle, die mit einer *Monarchie* unzufrieden sind, nennen sie *Tyrannis*, und diejenigen, welche eine *Aristokratie* nicht schätzen, nennen sie *Oligarchie*, und diejenigen, welche in einer *Demokratie* Ärger haben, sprechen von *Anarchie*, was Fehlen einer Regierung bedeutet.« (Hobbes 2017 [1651], II. Teil, 19. Kap., S. 145)

7 Für Spinoza siehe Saar 2013.

8 Es gibt auch den reichen Pöbel, das sind ebenjene, die aufgrund ihres Reichtums außerhalb des Verwertungszusammenhangs der bürgerlichen Gesellschaft stehen (siehe hierzu ausführlich Ruda 2011). Bei Nietzsche findet sich das weitgehend ähnlich: Ekel vor den »Sträflingen des Reichtums [...], – vor diesem vergüldeten, verfälschten

Pöbel [...]. Pöbel oben, Pöbel unten! Was ist heute noch ›arm‹ und ›reich‹!« (Nietzsche 1966 [1883], S. 508)

9 Die Formulierungen sind die von Werner Conze. In gewisser Weise realisiert sich dann die klopstocksche Vision, nämlich »vom Pöbel so viele, als möglich, des Landes zu verweisen«. Die Pauperismus-Debatte verliert mit der Migration nach Übersee in der zweiten Hälfte des 19. Jahrhunderts an Virulenz (McKeown 2004). Der »Export des eigenen Pöbels« (Jürgen Osterhammel), etwa in die Strafkolonie Australien, ist dann ein zentrales Motiv der britischen Auswanderungspolitik des 19. Jahrhunderts (Osterhammel 2009; siehe zur Problemlage und ihrer zeitgenössischen Diskussion generell Jantke/Hilger 1965).

10 Bei Nietzsche heißt es dann später über die »Massen«: »Im Übrigen hole sie der Teufel und die Statistik!« (Zit. n. Blättler 1995, S. 225)

11 Demgegenüber heißt es bei Rousseau: »[V]on dem Augenblick an, wo ein Volk sich Vertreter gibt, ist es nicht mehr frei; es ist nicht mehr.« (Rousseau 1986 [1762], 3. Buch, 15. Kap., S. 105) Für Hobbes entsteht Einheit ebenfalls erst durch Repräsentation: »Denn es ist die *Einheit* des Vertreters, nicht die *Einheit* der Vertretenen, die bewirkt, daß *eine* Person entsteht« – so die berühmte Formulierung (Hobbes 2017 [1651], I. Teil, 16. Kap., S. 125 f.).

12 »§ 244 Das Herabsinken einer großen Masse unter das Maß einer gewissen Subsistenzweise, die sich von selbst als die für ein Mitglied der Gesellschaft notwendige reguliert, – und damit zum Verluste des Gefühls des Rechts, der Rechtlichkeit und der Ehre, durch eigene Tätigkeit und Arbeit zu bestehen, – bringt die Erzeugung des Pöbels hervor, die hinwiederum zugleich die größere Leichtigkeit, unverhältnismäßige Reichtümer in wenige Hände zu konzentrieren, mit sich führt.« (Hegel 1986 [1820], S. 389; siehe hierzu im Weiteren Ruda 2011)

13 Schließlich kann man diese Demokratie, die auf dem Ausschluss des Pöbels basiert, nur noch als Ganzes delegitimieren, als das Resultat eines großen »Sklaven- und Pöbelaufstands« (Nietzsche).

14 »Ausschließung und Einschließung, *zoe* und *bios*. Das Volk trägt also den fundamentalen biopolitischen Bruch immer schon in sich. Es ist das, was nicht eingeschlossen werden kann in das Ganze, dessen Teil es ist, und was der Gesamtheit nicht angehören kann, in die es immer schon eingeschlossen ist.« (Agamben 2001)

15 Wer eine völlig repräsentative Zusammensetzung von Repräsentativinstanzen, wie etwa Parlamenten, anstrebt, der muss nach dem Zu-

fallsverfahren rekrutieren, nicht nach der »aristokratischen« Wahl: »Wahlen können, ihrer eigenen Natur nach, nicht zur Auswahl von Repräsentanten führen, die den von ihnen Vertretenen ähnlich sind.« (Manin 1997, S. 149) »We choose our betters.« (Przeworski 2018, S. 82)

16 Bei Rousseau heißt es dazu: »Nimmt man den Begriff in der ganzen Schärfe seiner Bedeutung, dann hat es niemals eine echte Demokratie gegeben, und es wird sie niemals geben. Es geht gegen die natürliche Ordnung, daß die Mehrzahl regiert und die Minderzahl regiert wird.« (Rousseau 1986 [1762], 3. Buch, 4. Kap., S. 72f.)

2. Das Ende repräsentativer Politik

1 »Die Existenz der Parteien kennt keine Verfassung und (bei uns wenigstens) auch kein Gesetz. [...] Parteien sind eben [...] ihrem innersten Wesen nach freiwillig geschaffene und auf freie, notwendig stets erneute, *Werbung* ausgehende Organisationen, im Gegensatz zu allen gesetzlich oder kontraktlich fest umgrenzten Körperschaften.« (Weber 1988 [1918]), S. 324, Hervorhebung im Original)

2 Eine Verächtlichmachung, die wohl auf Rousseau zurückgeht: »Das englische Volk glaubt frei zu sein, es täuscht sich gewaltig, es ist nur frei während der Wahl der Parlamentsmitglieder; sobald diese gewählt sind, ist es Sklave, ist es nichts.« (Rousseau 1986 [1762], 3. Buch, 15. Kap., S. 103)

3 Weswegen wichtige Gesetzesvorhaben häufig mit Vertrauensfragen und damit mit einer impliziten Parlamentsauflösungs- und Neuwahldrohung verbunden werden (siehe Diermeier/Feddersen 1998; Huber 1996).

4 Die von Robert Habeck anlässlich der bayerischen Landtagswahl 2018 getwitterte Botschaft, man müsse die Alleinherrschaft der CSU beenden, damit man dann sagen könne: »Endlich gibt es wieder Demokratie in Bayern«, war also nicht nur Ausdruck von Arroganz – das auch –, sondern auch davon, dass Habeck offensichtlich einen zentralen demokratischen Funktionsmechanismus nicht richtig versteht.

5 Siehe etwa Manow/Schröder 2019.

6 »[P]olitische Parteien haben die Demokratie geschaffen [...]. [M]oderne Demokratie ist nur denkbar in der Form von Parteien« (Schattschneider 1942, S. 3); »[D]ie einzige Weise, in der kollektive

Verantwortlichkeit je existiert hat, und existieren kann, [...] ist mittels der politischen Partei« (Fiorina 1980, S. 26); »[M]oderne Demokratie ist Parteiendemokratie« (Katz 1980, S. 1). Oder: »Die moderne Demokratie beruht geradezu auf den Parteien, deren Bedeutung umso größer ist, je stärker das demokratische Prinzip verwirklicht ist. [...] [S]o kann man ernstlich nicht bezweifeln, daß die von der politischen Theorie und der Staatsrechtslehre der konstitutionellen Monarchie beliebte Diskreditierung der politischen Parteien ideologisch ein maskierter Stoß gegen die Realisierung der Demokratie war. Nur Selbsttäuschung oder Heuchelei kann verneinen, daß die Demokratie ohne Parteien möglich sei. Die Demokratie ist notwendig und unvermeidlich ein *Parteienstaat.*« (Kelsen 2006 [1929], S. 166f.) Eine in dieser Explizitheit vergleichbar positive Würdigung findet sich auch bei Richard Thoma: »Die moderne Demokratie mit ihrem Massenwahlrecht könnte gar nicht leben ohne Parteien. Sie würde zerflattern und hilflos zwischen emotionalen Zufallswahlen, -parlamentsbeschlüssen und -abstimmungen hin- und hertaumeln, wenn nicht organisierte Parteien wenigstens die überwiegende Menge des Flugsandes der Wählermillionen zu festen Betonblöcken zusammenbacken würden.« (Zitiert nach Hacke 2018, S. 86)

7 Neben Drohungen mit Nicht-Wiedernominierung oder schlechteren Listenplätzen gibt es auch selektive Anreize, etwa die bevorzugte Berücksichtigung bei der Ausschusszuteilung oder bei der Zuweisung parlamentarischer oder exekutiver Ämter etc. (Carroll et al. 2006).

8 Aktuelle Zahlen zur Mitgliedschaft (Sommer 2019): Labour Party: 485 000; Conservatives: 180 000; Liberal Democrats: 115 000; Scottish National Party: 125 000; Greens: 48 500 (Audickas et al. 2019; siehe auch Garland 2016).

9 Die Regeln der Labour Party schrieben vor, dass sich um den Parteivorsitz nur bewerben konnte, wer von mindestens 15 Prozent der aktuellen Labour-Abgeordneten unterstützt wurde. Nach der für Labour desaströsen Parlamentswahl 2015 bedeutete dies, dass Kandidaten die Unterschrift von mindestens 35 Members of Parliament benötigten. Corbyn erhielt die noch fehlenden Unterschriften buchstäblich in den letzten Minuten vor Ablauf der Bewerbungsfrist. Mehr als die Hälfte seiner 36 formellen Unterstützer erklärten zugleich, dass sie in der Abstimmung nicht für Corbyn stimmen würden und dass sie ihn überhaupt für ungeeignet hielten, die Partei zu führen, dass sie aber aus Gründen des Pluralismus einen Repräsen-

tanten des linken Flügels in dem Rennen vertreten sehen wollten. Viele Abgeordnete sahen sich massivem Druck aus ihren Wahlkreisen ausgesetzt und wurden vor allem über Online-Petitionen stark bedrängt, ihre Stimme dem Vertreter des harten linken Flügels zu »leihen«. Niemand ging davon aus, Corbyn habe auch nur die geringste Chance (unmittelbar nach Bekanntwerden seiner Nominierung belief sich die Quote für einen tatsächlichen Sieg in den Wahlen bei britischen Buchmachern auf 100:1; siehe zu dem ganzen Prozess Prince 2016, Kap. 16; das ist übrigens exakt die Wettquote, die Trump zwei Monate nach Bekanntgabe seiner Kandidatur, im August 2015, bei Buchmachern in den USA erhielt; Levitsky/Ziblatt 2018, S. 66). Wir können die Unterstützung, die Corbyn in der Fraktion zu dieser Zeit genoss, also relativ präzise abschätzen: Sie lag bei weniger als 7,5 Prozent.

10 Und welchen Kapitalinteressen, außer seinen eigenen, Trump dient – und welchen nicht –, wäre auch noch einmal genauer zu erörtern. Die Fracking-Industrie ist mit seiner Präsidentschaft sicherlich zufrieden, aber sind es Facebook und Google auch? Trumps Steuerreform hat die Unternehmenssteuern signifikant gesenkt, allerdings waren die zuvor im internationalen Vergleich auch relativ hoch. Das Senken der Gewinnsteuern hatte vor allem den Zweck, die hohen Auslandsvermögen von Apple & Co. zu repatriieren und dadurch heimische Investitionen und damit die Schaffung von Arbeitsplätzen zu fördern. Es ist also zweifelhaft, ob dies nun als eine Reform ausschließlich »im Kapitalinteresse« zu klassifizieren ist.

11 Man könnte auch fragen, welche Rolle die deutschen Gewerkschaften im Auswahlprozess für den neuen SPD-Parteivorsitz gespielt haben. Die Antwort ist: schlicht gar keine.

12 In diesem Zusammenhang spielt auch die Oxford Union Debating Society als eine Art »teenage House of Commons« (Simon Kuper) eine Rolle. Wie das mit dem britischen System der Elitenzirkulation (oder präziser: der Nicht-Zirkulation) zusammenhängt, wurde im Kontext des Brexit wiederholt dargelegt.

13 Sowohl in den US-amerikanischen *primaries* als auch bei den Mitgliederentscheiden über die Kandidaten für die letzte französische Präsidentschaftswahl, die der Parti socialiste und die Républicains angesetzt hatten, reichten formlose Erklärungen, mit den Prinzipien der jeweiligen Partei grundsätzlich zu sympathisieren, um mit abstimmen zu dürfen.

14 Was schließlich passiert, wenn zentrale Entscheidungen nicht mehr

»repräsentativ«, sondern direkt, per Volksabstimmung getroffen werden, lässt sich anhand des Brexit-Referendums exemplarisch zeigen. Hierzu ist natürlich schon viel gesagt worden, und eine angemessene Diskussion ist im Rahmen dieses Essays nicht möglich, auch wenn der Brexit zentral zum Thema »Demokratisierung der Demokratie« gehört. Ich beschränke mich auf einige wenige Punkte. Referenden geben einen entscheidenden Vorteil der repräsentativen Demokratie auf – den, einmal getroffene Entscheidungen wieder rückgängig machen zu können. »Die Möglichkeit, noch einmal darüber nachdenken zu können, ist in vielerlei Hinsicht die Essenz demokratischer Politik. Sie hält auch die Verlierer im Spiel: Das Wissen, dass in nicht allzu ferner Zukunft die nächste Wahl ansteht, bedeutet, dass der Kurs nie endgültig feststeht und dass keine Niederlage dauerhaft sein muss.« (Runciman 2018) »Demokratie ist, wenn man sich irren darf, ohne gleich geächtet zu werden.« (Eugen Ruge) Ein Referendum »korrigieren« zu wollen wirkt aber undemokratisch. Eine Regierung kann man auswechseln, ein Volk nicht, man kann ja kein neues wählen – das Volk aber hat sich in der Volksabstimmung geäußert. Deswegen gibt es meistens starke Widerstände gegen ein zweites Referendum, weil ein solches den Eindruck erwecken würde, das erste sei nicht ernst gemeint gewesen, das zweite würde das erste entwerten (und weil ein drittes womöglich wieder zu einem anderen Ergebnis führen würde). Forderungen nach einem zweiten Referendum nähren zudem den Verdacht, es solle so lange abgestimmt werden, »bis sich das richtige Ergebnis einstellt« – ein Eindruck, der bis heute der zweiten irischen Volksabstimmung über den Lissaboner Vertrag nachhängt, die im Oktober 2009 durchgeführt wurde, nachdem die Abstimmung im Juni 2008 keine Mehrheit für den Vertrag erbracht hatte. In beiden Fällen wurde über einen Vertrag abgestimmt, der im Wesentlichen diejenigen konstitutionellen Änderungen verwirklichte, welche die Wähler in Frankreich und in den Niederlanden in Form des Europäischen Verfassungsvertrages 2005 bereits abgelehnt hatten; allerdings wurden die einfach kein zweites Mal befragt. Auch das gehört zur – eher unbekannten – Vorgeschichte des Brexit: Tony Blair hatte im Vorfeld der Parlamentswahl 2005, wie eigentlich alle zur Wahl stehenden Parteien, versprochen, den Europäischen Verfassungsvertrag zum Gegenstand eines Referendums zu machen. Nach dem negativen Votum der Franzosen und der Niederländer schien dieses Versprechen zunächst gegenstandslos geworden zu sein. Über den mit dem Verfassungsvertrag im Wesentlichen identischen Lissaboner Vertrag wurde in Großbritannien dann aber kein Referendum abgehalten – und so blieb das politische Versprechen uneingelöst. David Cameron löste also eigentlich mit dem Brexit-Referendum ein zuvor gegebenes Versprechen ein.

Referenden sind also weitestgehend korrekturresistent. Zu diesem Komplex gehört, dass eigentlich niemand so richtig für ihre Ergebnisse verantwortlich ist, »Zurechenbarkeit« fällt als demokratischer Grundmechanismus aus. Natürlich hat irgendjemand dafür gesorgt, dass ein Referendum angesetzt wurde. Aber er oder sie hat ja nur dem Volk Gelegenheit gegeben, seinen Willen zu äußern. Es gibt also keine direkte Verantwortlichkeit, auch keine entlastende Schuldzuweisung, die man dann auch demokratisch, etwa durch Abwahl, ausdrücken könnte: »Was ein Referendum von einer Parlamentswahl unterscheidet, ist, dass Parteien in der Kampagne nicht die zentralen Akteure sind.« (Runciman 2018) Schließlich fragt das Referendum von jeglichen strategischen Kalkülen der Mehrheits- und Koalitionsfähigkeit losgelöste »sincere preferences« ab, es gibt keinen Akteur, der in Antizipation möglicher Ergebnisse bereits Kompromissangebote formulieren würde. Das Referendum prämiert damit politische Kurz- gegenüber politischer Weitsichtigkeit, die eindeutige Position gegenüber dem Ausgleich von Positionen.

15 Für dieses galt: »[D]ie Masse zum mindesten der Wähler, in ziemlichem Umfang aber auch der einfachen Mitglieder, [ist] nicht (oder nur formell) beteiligt an der Bestimmung der Programme und Kandidaten« (Weber 1988 [1918], S. 324).

16 Meine Schilderung des Zusammenhangs von *primaries* und *invisible primaries* stützt sich in weiten Teilen auf Cohen et al. 2008.

17 Diese Offenheit resultiert vor allem aus der dramatischen Kostensenkung der Produktion und Verbreitung politischer Informationen durch die neuen digitalen Medien. Dies demokratisiert den politischen Wettbewerb, indem auch »arme« Mitspieler eine Chance erhalten, den politischen Prozess zu beeinflussen.

18 Im Fall von Deans Kampagne war das die Democracy-for-America-Bewegung (vgl. Kreiss 2012).

19 Siehe zur Rolle der Online-Mobilisierung für die Corbyn-Kampagne u.a. Prince 2016, S. 312f. und generell Kap. 19.

20 Im Präsidentschaftswahlkampf 2008 gab es zwei Super Tuesdays, den 5. Februar und den 4. März. Gemeint ist hier der zweite dieser Termine.

21 »[M]it einem mehr als fünf Millionen Mitglieder umfassenden E-Mail-Verteiler und Ausgaben von über 90 Millionen Dollar allein im Wahljahr 2008 kann man MoveOn.org durchaus als die derzeit größte Interessengruppe in der amerikanischen Politik bezeichnen.« (Karpf 2012, S. 24)

22 Sowohl George McGovern 1972 als auch Jimmy Carter 1976 können als *insurgent candidates* gelten. Insgesamt ergibt sich das folgende Bild: »Unter dem alten System hat sich zwischen 1945 und 1968 nur ein einziger Außenseiter (Dwight D. Eisenhower) öffentlich um die Nominierung durch eine der beiden Parteien bemüht. Dagegen waren es in den ersten beiden Jahrzehnten des neuen Vorwahlsystems zwischen 1972 und 1992 acht Kandidaten (fünf Demokraten und drei Republikaner), im Durchschnitt 1,25 pro Wahl. Zwischen 1996 und 2016 stieg die Zahl der Außenseiter auf 18, durchschnittlich drei pro Wahl; 13 von ihnen waren Republikaner.« (Levitsky/Ziblatt 2018, S. 64f.)

23 Diese Dynamik ist auch aus nach dem absoluten Mehrheitswahlsystem durchgeführten Wahlen in Frankreich bekannt, wo auf eine erste Runde meist eine Stichwahl folgt.

24 Eine ähnliche Diagnose lässt sich für den britischen Fall stellen: Die sich zur konstitutionellen Krise auswachsende Blockade im Brexit-Prozess, bei der schon May, dann aber noch deutlicher Johnson eine parlamentarische Mehrheit für ihren bzw. seinen Kurs verloren hatte, ohne dass es eine Mehrheit für ein Misstrauensvotum gegeben hätte, ist nicht zu erklären ohne den Hinweis auf die extreme Positionierung Corbyns, wegen der die Liberal Democrats, die Grünen und Teile der Remain-Fraktion unter den moderaten Tories ihm unter keinen Umständen den Weg in die Downing Street 10 ebnen wollten.

25 Die hier vorgetragene Einschätzung weicht daher auch von einer wachsenden Zahl von Publikationen ab, die den gestiegenen Einfluss der Reichen auf die Politik für das eigentliche Problem vor allem des US-amerikanischen Systems halten. Studien, die eine wachsende Repräsentationslücke konstatieren zwischen dem, was ärmere Bevölkerungsschichten an Reformen wollen, und dem, was Regierungen an Reformen beschließen, belegen jedoch nicht zwangsläufig, dass die Politik von den Reichen gekauft wurde. Der Vergleich von gewünschten und tatsächlich durchgeführten Reformen sagt noch nichts darüber aus, ob den Interessen der Unterschicht weniger Gehör geschenkt wird: »Personen mit höherer Bildung und hö-

herem Einkommen verstehen möglicherweise schlicht besser, welchen Einschränkungen die Politik der Regierungen unterliegt – die Notwendigkeit einer antizyklischen Fiskalpolitik ist hier das offensichtliche Beispiel –, und das zeigt sich dann als Übereinstimmung zwischen präferierten und tatsächlichen Veränderungen.« (Iversen/Soskice 2019, S. 25) In einer Zeit, etwa seit den neunziger Jahren, in der Arbeitsmärkte und Wohlfahrtsstaaten an die neuen Risikostrukturen der Dienstleistungsökonomie angepasst werden mussten, ist es ebenfalls wenig verwunderlich, dass Arbeitnehmer nicht das von der Politik bekamen, was sie wollten (nämlich Strukturkonservativismus). Torben Iversen und David Soskice argumentieren überzeugend, dass das in funktionierenden Wettbewerbsdemokratien im Regelfall auch für die Kapitalseite gilt – sie bekommt ebenfalls nicht das, was sie wünscht.

26 »Geld ist nie eine hinreichende Bedingung für den Sieg. Wenn das, was sie hören, den Wählern nicht gefällt, werden sie ihre Meinung nicht deshalb ändern, weil man ihnen noch mehr davon erzählt.« (Malbin/Glavin 2018, S. 6)

27 Dass Donald Trump die Gesetzmäßigkeiten des Genres sehr gut kennt, zeigte sich 2007 bei einem als »Battle of the Billionaires« apostrophierten Event im Rahmen der 23. Auflage der WrestleMania. Ein Mitschnitt der Veranstaltung ist online verfügbar unter: {https://www.youtube.com/watch?v=5NsrwH9I9vE} (alle URL Stand Januar 2020).

28 Eine solche Dynamik kann natürlich mittendrin kollabieren bzw. entgleisen, wie im Bundestagswahlkampf 2017 der sogenannte »Schulz-Zug«. Aber die hohe Volatilität der Zustimmungswerte für Kandidat und Partei (mit kurzfristig höheren Werten für Schulz als für Merkel in den ersten Monaten 2017) gab eine Vorahnung davon, wie unberechenbar diese Prozesse geworden sind.

29 Die Sozialisten hatten das im Vorfeld der Präsidentschaftswahl 2012 erstmals praktiziert; François Hollande ging als Gewinner aus diesen Vorwahlen hervor.

30 Diese neuen Koordinierungsformen begünstigen zumindest Machterlangung, wenn auch nicht unbedingt Machtausübung, wie man am Movimento Cinque Stelle (M5S), teils auch an La République en Marche sehen kann (in Frankreich wird die politische Handlungsunfähigkeit der Bewegung durch den Präsidentialismus größtenteils kaschiert). Bezeichnenderweise ist dann ja auch die *survey democracy*, der sich M5S verschrieben hat, also die programmatische Vorga-

be des Parteihandelns durch Internetabstimmungen, gekoppelt mit völlig arbiträren Eingriffsrechten der Parteiführung, hier von Beppe Grillo höchstpersönlich.

31 Viele dieser Innovationen würden in Deutschland am Parteienrecht scheitern (vgl. Schönberger 2016).

32 Das stammt aus Leitlein/Löbbert 2018.

II. Die Entdemokratisierung der Demokratie

1. Demokratische Unsicherheit

1 Dazu wäre sehr viel mehr zu sagen, als hier möglich ist; stellvertretend genannt seien Koschorke et al. 2007; Lefort 1990; Manow 2008.

2 »Demokratische Regierungen sind, zumindest lautet so die theoretische Annahme, Regierungen, deren Herrschaft von jenen autorisiert wurde, über die sie herrschen, und zwar, erneut der Theorie nach, nicht im Rahmen einer einzelnen mythischen Episode in der fernen Vergangenheit, sondern durch eine Serie von Gelegenheiten in der Zeit.« (Stanton 2017, S. 324f.)

3 In Przeworskis minimalistischer Demokratie-Definition hingegen wird der Rechtsstaat insoweit und *nur insoweit* zum Teil der Definition, wie die Sicherung bestimmter Rechte den über Wahlen sich vollziehenden Machtwechsel wahrscheinlicher macht. Eine Definition, auf deren Basis »Demokratiemessung« (hier im Rahmen des Polity-IV-Datensatzes) vorgenommen wird, lautet beispielsweise: »Eine reife und in sich kohärente Demokratie könnte operativ, zum Beispiel, als eine definiert werden, in der (a) politische Partizipation uneingeschränkt und offen ist und vollständigem Wettbewerb unterliegt; (b) Exekutivämter durch Wahlen besetzt werden und (c) das Handeln der Spitze der Exekutive substanziell beschränkt ist.« Verkürzt ausgedrückt: Die Exekutive soll maximal frei gewählt werden können, dann aber möglichst unfrei in ihren Entscheidungen sein. Das ist eine bezeichnende Widersprüchlichkeit.

4 Daher kann Demokratie nur als sich selbst stabilisierendes Gleichgewicht verstanden werden – es muss im Eigeninteresse desjenigen liegen, der die Macht hat, diese im Falle der Wahlniederlage abzugeben (Przeworski 2005).

5 Wie sehr gerade der türkische Militärputsch und Erdoğans »Säuberungen« im Nachgang sich in einer Grauzone von Gefährdung und Verteidigung der Demokratie bewegen, findet sich dargelegt in Runciman 2020.

6 Eine andere Art, diese Frage zu stellen, lautet: »Can it happen here?« (Sunstein 2018) Wenig überraschend lautet die Antwort: »It can.« (Stone 2018)

7 Vor der Wahl sagte er: »I will totally accept the results of this great and historic presidential election – if I win.« (Zit. n. Berenson 2016) Nach der Wahl twitterte er dann (am 27. November 2016): »In addition to winning the Electoral College in a landslide, I won the popular vote if you deduct the millions of people who voted illegally.« Für den von Trump behaupteten Wahlbetrug gibt es keinerlei Belege.

8 Ein solches »End of democracy«-Szenario findet sich auch in Levitsky/Ziblatt 2018, S. 243f. Ihre abschließende Einschätzung lautet: »Dieses Alptraumszenario ist nicht wahrscheinlich, aber auch nicht undenkbar.« (Ebd., S. 244)

9 Trumps Twitter-Botschaft vom 23. August 2019 im Wortlaut: »Our great American companies are hereby ordered to immediately start looking for an alternative to China including bringing your companies HOME and making your products in the USA.«

10 Das entspricht recht präzise dem, was Bruce Ackerman Jahre *vor* Trump als »Tod der Republik ... [, aber] nicht notwendigerweise [...] [als] Ende der Demokratie« beschrieben hatte: »Auch wenn unsere Verfassungstradition durch außerordentliche präsidentielle Macht überwältigt wird, wird das Präsidentenamt wahrscheinlich ein Wahlamt bleiben. [...] Meine Sorge gilt der Bewahrung unserer Tradition *republikanischer* Werte – vor allem der Gefahr, die von einer Transformation des Weißen Hauses in eine Plattform für charismatischen Extremismus und bürokratische Gesetzlosigkeit ausgeht.« (Ackerman 2010, S. 11)

11 »Seit Menschengedenken« ist keine besonders präzise Zeitangabe. Stellt man in Rechnung, dass erst 1911 die Vetomacht des House of Lords substanziell beschnitten wurde, dass in Großbritannien das allgemeine Wahlrecht für Männer erst 1918 eingeführt und für Frauen erst 1928 vollständig gewährt wurde, scheint sie ohnehin irreführend.

12 Eine kurze Liste der Prärogativen lautet: »declare war, make peace, sign treaties, grant honours, govern colonies« (Sedley 2017, S. 4).

13 »Gewiß, die Politik ist um so politischer, je antagonistischer sie ist. Aber je politischer er ist, um so gegensätzlicher ist auch der Gegensatz, um so mehr wird er höchster Gegensatz und werden in ihm das Wesen und das *telos* des Gegensatzes, der Negation und des Widerspruchs offenbar.« (Derrida 2000, S. 191)

14 Zur intellektuellen Fahrlässigkeit inflationärer Faschismusdiagnosen gäbe es viel zu sagen. Hier muss ein Verweis ausreichen: Riley 2018. In einer solchen Situation erscheint es eher wenig hilfreich, »Ausgrenzungsrhetorik« zum definierenden Kriterium für Populismus machen zu wollen.

2. Demokratie als Staatsform

1 Aber das Volk im Sinne des Staatsvolkes aus Art. 20 GG und Art. 116 GG meint gerade »*nicht* die wechselhafte Summe der von der Staatsgewalt irgendwie Betroffenen« (Dreier 2018, S. 33, meine Hervorhebung).

2 »[W]o ein Staat [...] die allgemeine Menschengleichheit auf politischem Gebiete durchführen wollte, würde er der Konsequenz nicht entgehen können, daß er die politische Gleichheit in demselben Maße entwertet, wie er sich der absoluten Menschengleichheit annähert. Und nicht nur das. Es würde auch [...] das Gebiet selbst, also die Politik selbst, entwertet und etwas Gleichgültiges werden. Man hätte nicht nur die politische Gleichheit ihrer Substanz beraubt und für den einzelnen Gleichen wertlos gemacht, auch die Politik wäre in dem Maße wesenlos geworden, als für ihr Gebiet mit solchen wesenlosen Gleichheiten Ernst gemacht ist.« Aber: »Die substantiellen Ungleichheiten würden keineswegs aus der Welt und aus dem Staat verschwinden, sondern sich auf ein anderes Gebiet, etwa vom Politischen ins Wirtschaftliche, zurückziehen. [...] Wo eine gleichgültige, ohne das Korrelat einer Ungleichheit gedachte Gleichheit ein Gebiet menschlichen Lebens tatsächlich erfaßt, verliert auch dieses Gebiet selbst seine Substanz und tritt in den Schatten eines anderen Gebietes, auf welchem dann die Ungleichheiten mit rücksichtsloser Kraft zur Geltung kommen.« (Schmitt 1988 [1926], S. 62)

3 Die in diesem Zusammenhang gerne erwähnte Haitianische Revolution, die uns angeblich das Heuchlerische der Erklärung der Menschen- und Bürgerrechte der Französischen Revolution vor Augen führt (unter anderem, weil die Franzosen die auf Sklavenhaltung ba-

sierende Plantagenwirtschaft in ihrer einträglichsten Kolonie auch nach 1789 beizubehalten trachteten), legt gerade *keine* universalistische Schlussfolgerung nahe: die Rechte und die Freiheit der Sklavenbevölkerung von Saint-Domingue werden erst mit der blutig erkämpften staatlichen Unabhängigkeit garantiert, aus der französischen Kolonie wird 1805 die »schwarze Nation« Haiti. Jean-Jacques Dessalines, der den (zweiten) Sklavenaufstand anführt, definiert dann in der haitianischen Verfassung alle Bürger als »schwarz« (vgl. Buck-Morss 2011, insbesondere S. 60f. und Fn. 52). Dies alles geht mit Massakern an der weißen Bevölkerung einher (mit ca. 5000 Toten), Weißen wird verboten, Land zu besitzen. Die Unabhängigkeitserklärung vom 1. Januar 1804 konstatiert unmissverständlich: »Seine [Frankreichs, PM] Grausamkeit im Vergleich zu unserer geduldigen Mäßigung; ihre Hautfarbe im Vergleich zu der unsrigen, die Weite der Meere, die uns trennen, unser rachsüchtiges Klima sagen uns klar, dass sie nicht unsere Brüder sind, dass sie es nie sein werden« (vgl. Dubois 2004, S. 298 und S. 300). Man mag dies nach der vorangegangenen Geschichte kolonialer Ausbeutung, der Entrechtung, der brutalen Gewalt etc. für völlig gerechtfertigt und verständlich halten – aber wohl kaum für ein Beispiel von Universalismus. Und auch das zweite häufig angeführte Exempel für den vermeintlichen Kosmopolitismus der Französischen Revolution findet einen recht eindeutigen Ausgang: Der preußische Adlige Johann Baptist Baron de Cloots führte im Juli 1790 eine 36-köpfige »Deputation des Menschengeschlechts« vor die französische Nationalversammlung. Die Delegation sollte bezeugen, dass »die Welt« der »Erklärung der Menschen- und Bürgerrechte« vom 26. August 1789 Gefolgschaft leisten werde. Wie authentisch international diese Gruppe zusammengesetzt war und woher die jeweiligen nationalen Kostüme eigentlich genau stammten, ist nicht endgültig geklärt (Mortier 1995, S. 125-127). Cloots, der seinen Adelstitel ablegte, wurde 1792 zu einem der ersten 18 Ausländer, denen die neue Republik die französische Staatsbürgerschaft verlieh, und er wurde im September des Jahres zum Mitglied der Nationalversammlung gewählt. Als »Redner des Menschengeschlechts« (*orateur du genre humain*) legte er einen Verfassungsentwurf für eine *République du genre humain* vor. 1794 fragte Robespierre dann jedoch die Nationalversammlung: »Können wir einen deutschen Adeligen als Patrioten betrachten? Können wir jemanden mit einem Einkommen von mehr als tausend Livres als Sans-culotte betrachten?« Verbindungen zum »Internationalen

Finanzkapital« (hier in Gestalt der holländischen Bankiersfamilie Vendenyver) boten offensichtlich schon damals kraftvolle Denunziationsmöglichkeiten, von denen Robespierre ebenfalls Gebrauch machte. Cloots wurde am 24. März 1794 hingerichtet. (Ich bin Siegfried Weichlein für Hinweise auf die Hintergründe dieser Episode sehr dankbar.)

4 »Une societé politique, un peuple, une nation sont des termes synomymes.« (Sieyès, zit. n. Pasquino 1998, S. 175) »Eine politische Gemeinschaft, ein Volk, eine Nation – das sind synonyme Begriffe.«

5 Anders als Fukuyama schreibt, war Kojève selbst nicht der Ansicht, dieser universale und homogene Einheitsstaat sei bereits Realität; er diagnostizierte allerdings trotzdem, dass die »Geschichte abgeschlossen« sei: »Werfen Sie einen Blick um sich. Alles, auch noch die Zuckungen der Welt zeigen an, dass die Geschichte abgeschlossen ist. [...] Vom politischen Standpunkt aus gesehen ist man auf dem Weg zu jenem Universalstaat, den Marx vorausgesagt hatte (aber er hatte die Idee dem napoleonischen Zeitalter entlehnt). Nun, wenn er einmal etabliert ist, ist dieser Staat, umfassend und einheitlich – und es ist deutlich, dass wir uns auf ihn zubewegen – kann man darüber hinausgehen?« (Kojève 2007, S. 62f.; Interview mit *La Quinzaine Littéraire* 1968) Schmitt, im Briefwechsel mit Kojève, schreibt hingegen: »Ich bin aber der Meinung, daß für das nächste Stadium die magni homines – jetzt majores homines – sich in der Dimension der Großräume auseinandersetzen. Großraum, d.h. ein den Maßen der heutigen und morgigen Technik entsprechender Planungs-Raum. Ich halte unsere Erde, so klein sie geworden sein mag, noch lange nicht für eine Planungs-Einheit, und lasse es sogar offen, ob sie es jemals werden kann. ›Großraum‹ hat bei mir nicht den Sinn eines Gegensatzes gegen Klein-Raum (das ist nebensächlich und rückwärts-blickend), sondern den – eine Pluralität und damit eine sinnvolle Feindschaft ermöglichenden, daher Geschichtsfähigkeit begründenden – Sinn eines Gegensatzes gegen die Einheit der Welt, d.h. gegen die Annahme, daß der Kreislauf der Zeit bereits zu Ende sei. Das ist das, was ich nicht glaube. Le cercle n'est pas encore parcouru. Der heutige Welt-Dualismus (von Ost und West oder Land und Meer) ist nicht der End-Spurt für die Einheit. Er ist vielmehr der Engpaß, durch den der Weg zu neuen, ›zeitgemäßen‹ magni homines führt.« (Schmitt, Brief an Kojève vom 7. Juni 1955, abgedruckt in Tommissen 1998, S. 108f.) Rückblickend wird man Schmitt im Vergleich zur Linie Hegel-Kojève[-Fukuyama] wohl überlegene

Prognosefähigkeit zubilligen müssen. (In Abweichung von der Wiedergabe des Briefs bei Tommissen habe ich hier »Dimension der Großräume« für das meines Erachtens unwahrscheinliche und wenig Sinn ergebende »Diskussionen der Großräume« eingesetzt, das auch auf der Grundlage eines stenographischen Entwurfs des Briefs ausgeschlossen werden kann). Ich danke Herrn Dr. Gerd Giesler für seine Hilfe bei der Klärung dieser Textstelle.

6 Die attische Demokratie war keine staatliche, sondern die einer Bürgergesellschaft (*politea*). Das lässt sich bei Christian Meier nachlesen. Und der Staat ist eine Herrschaftsform, die erst in der (Vor-) Moderne entsteht. Das lässt sich bei Carl Schmitt nachlesen.

7 Wer die Ausweitung von Mehrheitsentscheidungen im Ministerrat befürwortet: Glaubt er oder sie, dass es sonderlich demokratisch wäre, wenn – hypothetisch gesprochen – Malta und Zypern zusammen Frankreich überstimmen könnten? Und wer die demokratische Gleichheit in Europa durchsetzen möchte: Glaubt er oder sie, dass es sonderlich demokratisch wäre, wenn eine bestimmte Frage – erneut hypothetisch gesprochen – von der Mehrheit einer Grundgesamtheit entschieden würde, die sich aus 82,8 Millionen Deutschen und 5,6 Millionen Dänen zusammensetzt? Natürlich, so die hypothetische Widerrede, schließlich wäre das ja in diesem Beispiel die Mehrheit unter 88,4 Millionen »Europäern« – davon müsste man dann nur noch die Dänen überzeugen.

8 Es ist ja nicht so, als wäre das Problem nicht gesehen worden. Bei Hamilton heißt es im ersten der *Federalist Papers*: »Zudem lauert gefährlicher Ehrgeiz viel öfter hinter der trügerischen Maske eines Engagements für die Rechte des Volkes als hinter dem abschreckend wirkenden Einsatz für eine standfeste und leistungsfähige Regierung. Die Geschichte lehrt uns, daß ersteres immer als der sehr viel sicherere Weg zur Einführung der Despotie gesehen wurde als letzteres, und daß der größte Teil der Menschen, die der Freiheit von Republiken ein Ende bereitet haben, ihre Laufbahn damit begannen, opportunistisch um die Gunst des Volkes zu werben. Als Demagogen fingen sie an, als Tyrannen endeten sie.« (Hamilton 1993 [1787], S. 55)

9 Das ist die zunehmende europäische Paradoxie einer »disintegration through law«, auf die in den letzten beiden Europäisierungskrisen ja vor allem durch die exekutive Aussetzung des europäischen (Vertrags-)Rechts versucht wurde zu antworten. Wie klärt uns heute, im Nachhinein, ein Verfassungsrichter über das Dublin-Abkom-

men auf, an dessen Einhaltung der deutsche Innenminister natürlich aufs Allerstrengste gebunden ist – alles andere wäre ja die Herrschaft des Unrechts? »Dublin war darauf angelegt, nicht angewendet zu werden.« (Peter Huber, zit. n. Müller 2018) Generell hält Huber daher insbesondere für die Deutschen den Ratschlag bereit, den Inhalt europäischer Verträge nicht so ernst zu nehmen (die Umsetzung dieser Verträge aber natürlich schon, es herrscht ja schließlich, und Gott sei Dank, in Europa das Recht und nicht etwa das Unrecht). Christine Lagardes »Vergesst die Verträge!« ist ebenfalls noch in Erinnerung – hier geäußert in Bezug auf den Stabilitäts- und Wachstumspakt, nicht in Bezug auf das Dublin-Abkommen (siehe hierzu auch White 2015).

Schluss: Demokratie gegen Demokratie

1 Diese Gegenüberstellung weist starke Übereinstimmungen auf mit den »zwei ›diametral entgegengesetzten Vorstellungen‹, die ›zwei gleichermaßen entgegengesetzte Zustände‹ symbolisieren, die Sheldon Wolin einmal innerhalb der Demokratie identifiziert hat: ›Einerseits die festgelegte Struktur der Politik und der Autorität der Regierung, die typischerweise als Verfassung bezeichnet wird; andererseits die alles durcheinanderbringende politische Bewegung, die typischerweise Revolution genannt wird. Etwas zugespitzt ausgedrückt: ›Verfassung bezeichnet die Unterdrückung der Revolution; Revolution die Zerstörung der Verfassung‹. Ein Kommentator hat jüngst angemerkt, Wolin ›mahne uns anzuerkennen, dass authentische Demokratie ausschließlich an letzterem Pol Form annimmt‹, dass sich wahre Volkssouveränität nur in außergewöhnlichen Momenten kollektiven Ungehorsams oder Massenprotests manifestiert. Doch wäre es weise, wenn wir diesen Mahnungen Gehör schenkten?« (Stanton 2017, S. 356) Die Antwort darauf kann eigentlich nur recht eindeutig ausfallen: Nein, das wäre es nicht – höchstens in dem bekannten Sinne, dass es der Ausnahmezustand ist, von dem aus wir den Normalzustand analysieren sollten.

2 Nicht weiter überraschend, dass das meistens nur zu den immer gleichen Klischees führt, etwa zur Rede von den »undurchsichtigen und geradezu geheim gehaltenen Kompromissen zwischen einer europäischen Technokratie, den Interessen der führenden Klassen auf der nationalen Ebene und multinationalen Interessengruppen« (Ba-

libar 2016, S. 16) – also zu den ewigen, gedankenlosen Klischees von den »Hinterzimmern«, der »Fassadendemokratie« etc.

3 Es ist natürlich in etwa umgekehrt: Was nicht (auch) formale Demokratie ist, ist nicht Demokratie. »[Der demokratische Wille ist] Resultat einer Verfahrensform gleicher Freiheit. Kein demokratischer Wille ist denkbar ohne Regeln, die bestimmen, wie dieser Wille entstehen soll. [...] Ein demokratischer Wille besteht dagegen niemals allein aus einer formlosen Zusammensetzung individueller Beiträge wie bei einer Demonstration oder der Stürmung der Bastille, weil in solchen Ereignissen nicht sichergestellt ist, dass alle die freie und gleiche Möglichkeit der Mitentscheidung haben.« (Möllers 2008, S. 28)

Literatur

Ackerman, Bruce (2010), *The Decline and Fall of the American Republic*, Cambridge, MA: Harvard University Press.

Agamben, Giorgio (2001), *Mittel ohne Zweck. Noten zur Politik*, Zürich: Diaphanes.

Alison, Jane/Adam Phillips/Judith Clark (2017), *Vulgär? Fashion Redefined. Katalog zur Ausstellung des Barbican Centre, London 2016/17 und Winterpalais, Belvedere, Wien 2017*, Köln: Walther König.

Anderson, Perry (1998), *The Origins of Postmodernity*, London/New York: Verso.

Arditi, Benjamin (2003), »Populism, or, politics at the edges of democracy«, in: *Contemporary Politics* 9/1, S. 17-31.

Arndt, Ernst Moritz (1814), *Über künftige ständische Verfassungen in Teutschland*, Frankfurt am Main: Körner.

Arendt, Hannah (1989 [1957]), »Karl Jaspers. Bürger der Welt«, in: dies., *Menschen in finsteren Zeiten*, München: Piper, S. 99-112.

Audickas, Lukas/Noel Dempsey/Philip Loft (2019), »Membership of UK political parties«, in: *House of Commons Briefing Paper*, herausgegeben von der House of Commons Library, London: House of Commons.

Autor, David H./David Dorn/Gordon H. Hanson/Kaveh Majlesi (2016), »A note on the effect of rising trade exposure on the 2016 presidential election«, MIT Working Paper, überarbeitete Fassung (März 2017); online verfügbar unter: {https://economics.mit.edu/files/12418} (alle URL Stand Januar 2020).

Bagehot, Walter (1971 [1867]), *Die englische Verfassung*, Neuwied: Luchterhand.

Bale, Tim/Monica Poletti/Paul Webb (2016), »Here's what we know about Labour's £ 3 supporters – and whether they'll pay £ 25 to help Corbyn again«, in: *The Independent* (20. Juli); online verfügbar unter: {https://www.independent.co.uk/voices/here-s-what-we-know-about-labour-s-3-supporters-and-whether-they-ll-pay-25-to-help-corbyn-again-a7145906.html}.

Balibar, Étienne (2003), *Sind wir Bürger Europas? Politische Integration, soziale Ausgrenzung und die Zukunft des Nationalen*, Hamburg: Hamburger Edition.

Balibar, Étienne (2016), *Europa. Krise und Ende?*, Münster: Westfälisches Dampfboot.

Becker, Sascha O./Thiemo Fetzer (2016), »Does migration cause extreme voting?«, CAGE Working Paper 306, überarbeitete Fassung (Mai 2017); online verfügbar unter: {https://warwick.ac.uk/fac/soc/economics/research/centres/cage/manage/publications/306-2016_becker_fetzer.pdf}.

Becker, Sascha O./Thiemo Fetzer/Dennis Novy (2017), »Who voted for Brexit? A comprehensive district-level analysis«, CESifo Working Paper, Nr. 6438 (April); online verfügbar unter: {https://papers.ssrn.com/sol3/papers.cfm?abstract_id=2976254##}.

Bedorf, Thomas/Kurt Röttgers (Hg.) (2010), *Das Politische und die Politik*, Berlin: Suhrkamp.

Bensaïd, Daniel (2012), »Der permanente Skandal«, in: Giorgio Agamben, Alain Badiou et al., *Demokratie? Eine Debatte*, Berlin: Suhrkamp, S. 23-54.

Berenson, Tessa (2016), »Donald Trump says he will accept the election results – if he wins«, in: *Time* (20. Oktober); online verfügbar unter: {https://time.com/4538855/donald-trump-election-results-recount/}.

Bescherer, Peter (2013), *Vom Lumpenproletariat zur Unterschicht. Produktivistische Theorie und politische Praxis*, Frankfurt am Main/New York: Campus.

Biezen, Ingrid von/Peter Mair/Thomas Poguntke (2012), »Going, going, ... gone? The decline of party membership in contemporary Europe«, in: *European Journal of Political Research* 51/1, S. 24-56.

Blättler, Sidonia (1995), *Der Pöbel, die Frauen etc. Die Massen in der politischen Philosophie des 19. Jahrhunderts*, Berlin: Akademie Verlag.

Böckenförde, Ernst-Wolfgang (1988), »Der Begriff des Politischen als Schlüssel zum staatsrechtlichen Werk Carl Schmitts«, in: *Complexio Oppositorum. Über Carl Schmitt*, herausgegeben von Helmut Quaritsch, Berlin: Duncker & Humblot, S. 283-299.

Boltanski, Luc (2015), *Rätsel und Komplotte. Kriminalliteratur, Paranoia, moderne Gesellschaft*, Berlin: Suhrkamp.

Bourke, Richard (2017), »Popular sovereignty and political representation. Edmund Burke in the context of eighteenth-century thought«, in: *Popular Sovereignty in Historical Perspective*, herausgegeben von Richard Bourke und Quentin Skinner, Cambridge: Cambridge University Press, S. 212-235.

Brennan, Jason (2017), *Gegen Demokratie. Warum wir die Politik nicht den Unvernünftigen überlassen dürfen*, Berlin: Ullstein.

Britton-Purdy, Jedediah (2018), »Normcore«, in: *Dissent* (Sommer); online verfügbar unter: {https://www.dissentmagazine.org/article/normcore-trump-resistance-books-crisis-of-democracy}.

Bröckling, Ulrich/Robert Feustel (Hg.) (2010), *Das Politische denken. Zeitgenössische Positionen*, Bielefeld: Transcript.

Brown, Wendy (2012), »Wir sind jetzt alle Demokraten ...«, in: Giorgio Agamben, Alain Badiou et al., *Demokratie? Eine Debatte*, Berlin: Suhrkamp, S. 55-71.

Brown, Wendy (2015), *Die schleichende Revolution. Wie der Neoliberalismus die Demokratie zerstört*, Berlin: Suhrkamp.

Buck-Morss, Susan (2011), *Hegel und Haiti. Für eine neue Universalgeschichte*, Berlin: Suhrkamp.

Burke, Edmund (1793 [1790]), *Betrachtungen über die französische Revolution*, Bd. 1, Berlin: Friedrich Vieweg d. Ä.

Canovan, Margaret (2005), *The People*, Oxford: Polity.

Carroll, Royce/Gary W. Cox/Mónica Pachón (2006), »How parties create electoral democracy, chapter 2«, in: *Legislative Studies Quarterly* 31/2, S. 153-174.

Cassese, Sabino (2018), »Globale Dimensionen der Demokratie«, in: *Die Zukunft der Demokratie. Kritik und Plädoyer*, herausgegeben von Friedrich Wilhelm Graf und Heinrich Meier, München: C.H. Beck, S. 265-291.

Chamayou, Grégoire (2019), *Die unregierbare Gesellschaft. Eine Genealogie des autoritären Liberalismus*, Berlin: Suhrkamp.

Chatterjee, Partha (2020), *I Am the People: Reflections on Popular Sovereignty Today*, New York: Columbia University Press.

Coase, Ronald H. (1937), »The nature of the firm«, in: *Economica* 16/4, S. 386-405.

Cohen, Marty/David Krol/Hans Noell/John Zaller (2008), *The Party Decides: Presidential Nominations before and after the Reform*, Chicago: University of Chicago Press.

Cohen, Richard (2017), »Germany used to have a leader like Trump. Its not who you think«, in: *Washington Post* (3. Mai); online verfügbar unter: {https://www.washingtonpost.com/opinions/germany-used-to-have-a-leader-like-trump-its-not-who-you-think/2017/05/01/0dd9cce8-2e88-11e7-9534-00e4656c22aa_story.html}.

Colantone, Italo/Piero Stanig (2018), »Global competition and Brexit«, in: *American Policial Science Review* 112/2, S. 201-218.

Collins, Ray (2014), »Building a one nation Labour Party. The Collins review into Labour Party reform«, London: Labour Party; online verfügbar unter: {https://action.labour.org.uk/page/-/Collins_Report_Party_Reform.pdf}.

Comtesse, Dagmar/Oliver Flügel-Martinsen/Franziska Martinsen/Martin Nonhoff (Hg.) (2019), *Radikale Demokratietheorie. Ein Handbuch*, Berlin: Suhrkamp.

Confessore, Nicholas/Karen Yourish (2016), »2 Billion worth of free media for Donald Trump«, in: *The New York Times* (15. März); online verfügbar unter: {https://www.nytimes.com/2016/03/16/upshot/measuring-donald-trumps-mammoth-advantage-in-free-media.html}.

Conze, Werner (1992 [1954]), »Vom ›Pöbel‹ zum ›Proletariat‹. Sozialgeschichtliche Voraussetzungen für den Sozialismus in Deutschland«, in: Werner Conze, *Gesellschaft – Staat – Nation: Gesammelte Aufsätze*, herausgegeben von Ulrich Engelhardt und Reinhart Koselleck, Stuttgart: Klett-Cotta, S. 220-246.

Cox, Gary W./Mathew D. McCubbins (2011), »Managing plenary time: The U.S. Congress in comparative perspective«, in: *The Oxford Handbook of the American Congress*, herausgegeben von George C. Edwards, Frances E. Lee und Eric Schickler, Oxford: Oxford University Press, S. 451-472.

Crouch, Colin (2008), *Postdemokratie*, Frankfurt am Main: Suhrkamp.

Crouch, Colin (2018), *The Globalization Backlash*, Oxford: Polity.

D'Argenson, René-Louis Marquis (1764), *Considérations sur le gouvernement ancien et présent de la France*, Amsterdam.

Darnton, Robert (1985), *Literaten im Untergrund. Lesen, Schreiben und Publizieren im vorrevolutionären Frankreich*, München: Hanser.

De Maistre, Joseph (1884 [1794]), *Étude sur la souveraineté*, Lyon: Vitte et Perrussel.

Derrida, Jacques (2000), *Politik der Freundschaft*, Frankfurt am Main: Suhrkamp.

Diamond, Larry (2015), »Facing up to the democratic recession«, in: *Journal of Democracy* 26/1, S. 141-155.

Diermeier, Daniel/Timothy Feddersen (1998), »Cohesion in legislatures and the vote of confidence procedure«, in: *American Political Science Review* 92/3, S. 611-621.

Dijkstra, Lewis/Hugo Poelman/Andrés Rodríguez-Pose (2018), »The geography of EU-discontent«, Europäische Kommission, Regional

and Urban Policy Working Papers, Nr. 12/2018; online verfügbar unter: {https://ec.europa.eu/regional_policy/sources/docgener/work/2018_02_geog_discontent.pdf}.
Dreier, Horst (2018), »Vom Schwinden der Demokratie«, in: *Die Zukunft der Demokratie. Kritik und Plädoyer*, herausgegeben von Friedrich Wilhelm Graf und Heinrich Meier, München: C.H. Beck, S. 29-81.
Dubois, Laurent (2004), *Avengers of the New World. The Story of the Haitian Revolution*, Cambridge, MA: Harvard University Press.
Dunn, John (1992), »Conclusion«, in: *Democracy. The Unfinished Journey 508 BC to AD 1993*, herausgegeben von John Dunn, Oxford: Oxford University Press, S. 239-266.
Dunn, John (2005), *Democracy: A History*, New York: Atlantic Monthly Press.
Dunn, John (2006), *Setting the People Free: The Story of Democracy*, New York: Atlantic Book.

Eggers, Andrew/Arthur Spirling (2018), »The shadow cabinet in Westminster systems: Modeling opposition agenda setting in the House of Commons, 1832-1915«, in: *British Journal of Political Science* 48/2, S. 343-367.
Elliott, Mark (2017), »The Supreme Court's judgement in Miller: In search of constitutional principles«, in: *The Cambridge Law Journal* 76/2, S. 257-288.
Elliott, Mark/Jack Williams/Alison L. Young (2018), *The UK Constitution after Miller: Brexit and Beyond*, Oxford/New York: Hart Publishing.
Elster, Jon (Hg.) (2015), *Secrecy and Publicity in Votes and Debates*, New York: Cambridge University Press.
Engels, Friedrich (1960 [1850]), »Die deutsche Reichsverfassungskampagne«, MEW 7, S. 109-197.
Ezrow, Lawrence/Timothy Hellwig (2014), »Responding to voters or responding to markets? Political parties and public opinion in an era of globalization«, in: *International Studies Quarently* 58/4, S. 816-827.

Fabian, Johannes (1983), *Time and the Other: How Ethnology makes its Object*, New York: Columbia University Press.
Fiorina, Morris (1980), »The decline of collective responsibility in American politics«, in: *Daedalus* 109, S. 25-45.

Fisch, Jörg (2010), *Das Selbstbestimmungsrecht der Völker. Die Domestizierung einer Illusion*, München: C.H. Beck.

Freedom House (2019), »Freedom in the world 2019: Democracy in retreat«, Washington, D.C.: Freedom House; online verfügbar unter: {https://freedomhouse.org/sites/default/files/Feb2019_FH_FITW_2019_Report_ForWeb-compressed.pdf}.

Fukuyama, Francis (1989), »The end of history«, in: *The National Interest* 16, S. 3-18.

Fukuyama, Francis (1992), *Das Ende der Geschichte. Wo stehen wir?*, München: Kindler 1992.

Fukuyama, Francis (2019), *Identität. Wie der Verlust der Würde unsere Identität gefährdet*, Hamburg: Hoffmann und Campe.

Funke, Manuel/Moritz Schularick/Christoph Trebesch (2015), »Going to Extremes: Politics after Financial Crises, 1870-2014«, Center for Economic Studies & IFO Working Paper Series, Nr. 5553 (Oktober); online verfügbar unter: {https://papers.ssrn.com/sol3/papers.cfm?abstract_id=2688897}.

Furet, François (2009 [1978]), *Penser la Révolution francaise*, Paris: Gallimard.

Furet, François (1980), *1789. Vom Ereignis zum Gegenstand der Geschichtswissenschaft*, Frankfurt am Main/Berlin/Wien: Ullstein.

Furet, François (1998), *Das Ende der Illusion. Der Kommunismus im 20. Jahrhundert*, München/Zürich: Piper.

Garland, Jessica (2016), »Labour's ›three-quid voters‹: The challenges and opportunies of opening up the party« (20. Januar); online verfügbar unter: {https://blogs.lse.ac.uk/politicsandpolicy/opening-up-labour-membership/}.

Garsten, Bryan (2017), »From popular sovereignty to civil society in post-revolutionary France«, in: *Popular Sovereignty in Historical Perspective*, herausgegeben von Richard Bourke und Quentin Skinner, Cambridge: Cambrigde University Press, S. 236-269.

Gauchet, Marcel (1991), *Die Erklärung der Menschenrechte. Die Debatte um die bürgerlichen Freiheiten 1789*, Reinbek: Rowohlt.

Gibson, Rachel K. (2015), »Party change, social media and the rise of ›citizen-initiated‹ campaigning«, in: *Party Politics* 21/2, S. 183-197.

Grimm, Dieter (2015), »The democratic costs of constitutionalisation: The European case«, in: *European Law Journal* 21/4, S. 460-473.

Guéhenno, Jean Marie (1998), *Das Ende der Demokratie*, München: Artemis & Winkler.

Guiso, Luigi/Helios Herrera/Massimo Morelli/Tommaso Sonno (2017), »Populism: Demand and supply«, CEPR Discussion Paper No. DP11871 (Februar).

Hacke, Jens (2018), *Existenzkrise der Demokratie. Zur politischen Theorie des Liberalismus in der Zwischenkriegszeit*, Berlin: Suhrkamp.

Haffert, Lukas (2019), »Wie aus Progressiven Nostalgiker wurden«, in: *Kein schöner Land. Angriff der Acht auf die deutsche Gegenwart*, herausgegeben von Leander Steinkopf, München: C.H. Beck, S. 123-145.

Hamilton, Alexander (1993 [1787]), »Nr. 1«, in: Alexander Hamilton/James Madison/John Jay, *Federalist Papers*, herausgegeben von Barbara Zehnpfennig, Darmstadt: Wissenschaftliche Buchgesellschaft, S. 53-57.

Hardt, Michael/Antonio Negri (2004), *Multitude. Krieg und Demokratie im Empire*, Frankfurt am Main/New York: Campus.

Hegel, Georg Wilhelm Friedrich (1986 [1820]), *Grundlinien der Philosophie des Rechts*, ders., *Werke 7*, Frankfurt am Main: Suhrkamp.

Henkel, Imke (2019), »So enden Demokratien«, in: *Zeit online* (28. August 2019); online verfügbar unter: {https://www.zeit.de/politik/ausland/2019-08/eu-austritt-parlamentspause-unterhaus-boris-johnson-grossbritannien-brexit}.

Hirschl, Ran (2007), *Towards Juristocracy: The Origins and Consequences of the New Constitutionalism*, Cambridge, MA: Harvard University Press.

Hobbes, Thomas (2017 [1642]), *De cive/Vom Bürger*, Stuttgart: Reclam.

Hobbes, Thomas (2017 [1651]), *Leviathan, oder Stoff, Form und Gewalt eines kirchlichen und bürgerlichen Staates*, Berlin: Suhrkamp.

Hofmann, Jeanette (2019), »Die digitalisierte Demokratie«, in: *WZB Mitteilungen* 163, S. 9-11.

Hont, Istvan (2010), »The permanent crisis of divided mankind: ›nation‹ and ›nationalism‹ in historical perspective«, in: *Jealousy of Trade*, herausgegeben von Istvan Hont, Cambridge, MA: Harvard University Press, S. 447-528.

Hooghe, Liesbet/Gary Marks (2017), »Cleavage theory meets Europe's crises: Lipset, Rokkan, and the transnational cleavage«, in: *Journal of European Public Policy* 25/1, S. 109-135.

Hooghe, Liesbet/Gary Marks/Carole Wilson (2002), »Does left/right structure party positions on European integration?«, in: *Comparative Political Studies* 35/8, S. 965-989.

Horn, Eva (2007), *Der geheime Krieg. Verrat, Spionage und moderne Fiktion*, Frankfurt am Main: Fischer.

Huber, John D. (1996), »The vote of confidence in parliamentary democracies«, in: *American Political Science Review* 90/2, S. 269-282.

Iversen, Torben/David Soskice (2019), *Democracy and Prosperity. Reinventing Capitalism through a Turbulent Century*, Princeton: Princeton University Press.

Jameson, Fredric (1991), *Postmodernism or, the Cultural Logic of Late Capitalism*, Durham: Duke University Press.

Jantke, Carl/Dietrich Hilger (Hg.) (1965), *Die Eigentumslosen. Der deutsche Pauperismus und die Emanzipationskrise in den Darstellungen und Deutungen der zeitgenössischen Literatur*, Freiburg/München: Karl Alber.

Jörke, Dirk/Oliver Nachtwey (Hg.) (2017), *Das Volk gegen die (liberale) Demokratie*, *Leviathan* Sonderband 32, Baden-Baden: Nomos.

Kant, Immanuel (1964 [1795]), *Zum ewigen Frieden. Ein philosophischer Entwurf*, ders., *Werkausgabe* Bd. XI, Frankfurt am Main: Suhrkamp, S. 195-251.

Kant, Immanuel (1977 [1798]), *Anthropologie in pragmatischer Hinsicht*, ders., *Werkausgabe* Bd. XII, Frankfurt am Main: Suhrkamp, S. 399-690.

Karpf, David (2012), *The MoveOn Effect: The Unexpected Transformation of American Political Advocacy*, Oxford: Oxford University Press.

Katz, Richard S. (1980), *A Theory of Parties and Electoral Systems*, Baltimore: Johns Hopkins University Press.

Katz, Richard S./Peter Mair (1995), »Changing models of party organizations and party democracy. The emergence of the cartel party«, in: *Party Politics* 1/1, S. 5-28.

Katz, Richard S./Peter Mair (1996), »Cadre, catch-all or cartel? A rejoinder«, in: *Party Politics* 2/4, S. 525-534.

Katz, Richard S./Peter Mair (2009), »The cartel party thesis: A restatement«, in: *Perspectives on Politics* 7/4, S. 753-766.

Kelsen, Hans (2006 [1929]), »Vom Wesen und Wert der Demokratie«, in: *Hans Kelsen, Verteidigung der Demokratie*, herausgegeben von Matthias Jestaedt und Oliver Lepsius, Tübingen: Mohr Siebeck, S. 149-228.

Kielmansegg, Peter (1977), *Volkssouveränität. Bedingungen demokratischer Legitimität*, Stuttgart: Klett-Cotta.

Kojève, Alexandre (1975 [1947]), *Hegel. Eine Vergegenwärtigung seines Denkens*, herausgegeben von Iring Fetscher, Frankfurt am Main: Suhrkamp.

Kojève, Alexandre (2007), *Überlebensformen*, Berlin: Merve.

Koschorke, Albrecht (2007), »Zur Logik kultureller Gründungserzählungen«, in: *Zeitschrift für Ideengeschichte* I/2, S. 5-12.

Koschorke, Albrecht (2015), *Hegel und Wir. Frankfurter Adorno Vorlesungen 2013*, Berlin: Suhrkamp.

Koschorke, Albrecht (2018), »Probleme des Liberalismus«, Vortrag an der Berlin-Brandenburgischen Akademie der Wissenschaften (29. November).

Koschorke, Albrecht/Susanne Lüdemann/Thomas Frank/Ethel Matala de Mazza (2007), *Der fiktive Staat. Konstruktionen des politischen Körpers in der Geschichte Europas*, Frankfurt am Main: Fischer.

Koselleck, Reinhart (1972), »Einleitung«, in: *Geschichtliche Grundbegriffe*, Bd 1., herausgegeben von Otto Brunner, Werner Conze und Reinhart Koselleck, Stuttgart: Klett-Cotta, S. xiii-xxvii.

Koß, Michael (2015), »The origins of parliamentary agenda control. A comparative process-tracing analysis«, in: *West European Politics* 38/5, S. 1062-1085.

Krasmann, Susanne (2016), »›A taste for the secret‹: Moment-Aufnahmen einer Soziologie des politischen Geheimnisses«, in: *Leviathan* 44/4, S. 491-514.

Kreiss, Daniel (2012), *Taking Our Country Back: The Crafting Of Networked Politics From Howard Dean To Barack Obama*, Oxford: Oxford University Press.

Kriesi, Hanspeter (2014), »The populist challenge«, in: *West European Politics* 37/2, S. 361-378.

Kriesi, Hanspeter/Takis S. Pappas (Hg.) (2015), *European Populism in the Shadow of the Great Recession*, Colchester: ECPR Press.

Krüper, Julian (2019), »Krise als Lebensform. Politische Parteien als institutionelle Defiziterfahrung«, in: *Legitimität in unsicheren Zeiten*, herausgegeben von Alexander Thiele, Tübingen: Mohr Siebeck, S. 115-142.

Laniel, Bertlinde (1998), *Le mot »democracy« et son histoire aux États-Unis de 1780 à 1856*, St. Etienne: Presse Universitaire de St. Etienne.

Lears, Jackson (2018), »What we don't talk about when we talk about Russian hacking«, in: *London Review of Books* 40/1, S. 15-18.

Lefort, Claude (1990), »Die Frage der Demokratie«, in: *Autonome Gesellschaft und libertäre Demokratie*, herausgegeben von Ulrich Rödel, Frankfurt am Main: Suhrkamp, S. 281-297.

Leitlein, Hannes/Raoul Löbbert (2018), »Wenn deine Eltern AfD wählen, warum nicht den Kontakt abbrechen?«, in: *Zeit online* (1. November); online verfügbar unter: {https://www.zeit.de/2018/45/wahlverhalten-familie-afd-weltanschauung-grundsatzdebatte-twitter-diskurs}.

Lessenich, Stephan (2019), *Grenzen der Demokratie*, Stuttgart: Reclam.

Levitsky, Steven/Lucan Way (2015), »The myth of democratic recession«, in: *Journal of Democracy* 26/1, S. 45-58.

Levitsky, Steven/Daniel Ziblatt (2018), *Wie Demokratien sterben. Und was wir dagegen tun können*, München: Deutsche Verlags-Anstalt 2018.

Lewis, Charles (2000), *The Buying of the President 2000*, Washington, D.C.: Avon Books.

Linebaugh, Peter/Marcus Rediker (2008), *Die vielköpfige Hydra. Die verborgene Geschichte des revolutionären Atlantiks*, Berlin/Hamburg: Assoziation A.

Luttwak, Edward N. (2016), *Coup d'État: A Practical Handbook*, Cambridge, MA: Harvard University Press.

Macpherson, C.B. (1965), *The Real World of Democracy*, Toronto: Anansi.

Macpherson, C.B. (1967), *Drei Formen der Demokratie*, Frankfurt am Main: Europäische Verlagsanstalt.

Madison, James (1993a [1787]), »Nr. 10«, in: Alexander Hamilton/James Madison/John Jay, *Federalist Papers*, herausgegeben von Barbara Zehnpfennig. Darmstadt: Wissenschaftliche Buchgesellschaft, S. 93-100.

Madison, James (1993b [1787]), »Nr. 63«, in: Alexander Hamilton/James Madison/John Jay, *Federalist Papers*, herausgegeben von Barbara Zehnpfennig. Darmstadt: Wissenschaftliche Buchgesellschaft, S. 377-384.

Maier, Hans (1972), »Demokratie«, in: *Geschichtliche Grundbegriffe. Historisches Lexikon zur politisch-sozialen Sprache in Deutschland*, herausgegeben von Otto Brunner, Werner Conze und Reinhart Koselleck, Bd. 1, Stuttgart: Klett-Cotta, S. 854-873.

Mair, Peter (2002), »Populist democracy vs. party democracy«, in:

Democracies and the Populist Challenge, herausgegeben von Yves Meny und Yves Surel, Houndsmill, Basingstoke: Palgrave Macmillan, S. 81-98.

Mair, Peter (2009), »Representative versus responsible government«, MPIfG Working Paper 09/8; online verfügbar unter: {http://www.mpifg.de/pu/workpap/wp09-8.pdf}.

Malbin, Michael J./Brendan Glavin (2018), »CFI's guide to money in federal elections. 2016 in historical context«, herausgegeben vom Campaign Finance Institute, Washington, D.C.; online verfügbar unter {http://www.cfinst.org/pdf/federal/2016Report/CFIGuide_MoneyinFederalElections.pdf}.

Manin, Bernard (1997), *Principles of Representative Government*, New York: Cambridge University Press.

Manin, Bernard/Adam Przeworski/Susan C. Stokes (Hg.) (1999), *Democracy, Accountability and Representation*, New York: Cambridge University Press.

Manow, Philip (2008), *Im Schatten des Königs. Die politische Anatomie demokratischer Repräsentation*, Frankfurt am Main: Suhrkamp.

Manow, Philip (2018), *Die Politische Ökonomie des Populismus*, Berlin: Suhrkamp.

Manow, Philip (2019), »Der Extremismus der Mitte«, in: *Merkur* 73/1, S. 5-13.

Manow, Philip/Valentin Schröder (2019), »Das Wahlrecht als Organisationsverfassungsrecht politischer Parteien. Der deutsche Fall«, in: *Organisationsverfassungsrecht*, herausgegeben von Julian Krüper und Arne Pilniok, Tübingen: Mohr Siebeck, S. 139-157.

Mansbridge, Jane (2003), »Rethinking representation«, in: *American Political Science Review* 97/4, S. 515-528.

Marchart, Oliver (2010), *Die politische Differenz. Zum Denken des Politischen bei Nancy, Lefort, Badiou, Laclau und Agamben*, Berlin: Suhrkamp.

Marks, Gary/Liesbet Hooghe/Moira Nelson/Erica Edwards (2006), »Party competition and European integration in east and west: Different structure, same causality«, in: *Comparative Political Studies* 39/2, S. 155-175.

Marti, Urs (1993), *»Der grosse Pöbel- und Sklavenaufstand«. Nietzsches Auseinandersetzung mit Revolution und Demokratie*, Stuttgart: Metzler.

Marx, Karl/Friedrich Engels (1976 [1848]), *Manifest der Kommunistischen Partei*, MEW 4, Berlin: Dietz 1972, S. 459-493.

Marx, Karl (1960 [1852]), *Der achtzehnte Brumaire des Louis Napoleon*, MEW 8, Berlin: Dietz, S. 194-207.

Mason, Paul (2016), *Postkapitalismus. Grundrisse einer kommenden Ökonomie*, Berlin: Suhrkamp.

McKeown, Adam (2004), »Global migration, 1846-1940«, in: *Journal of World History* 15/2, S. 155-189.

McTague, Tom (2019), »Nigel Farage's startup politics. The Brexit party's company structure makes its leader uniquely powerful in British politics«, in: *Politico* (18. Mai); online verfügbar unter: {https://www.politico.eu/article/nigel-farage-brexit-party-start-up-politics-eu-election/}.

Meinel, Florian (2019a), »Wer im Ausnahmezustand entscheidet, ist nicht souverän«, in: *Frankfurter Allgemeine Zeitung* (26. September), S. 11.

Meinel, Florian (2019b), *Vertrauensfrage. Zur heutigen Krise des Parlamentarismus*, München: C.H. Beck.

Mill, John Stuart (2013 [1861]), *Betrachtungen über die die Repräsentativregierung*, herausgegeben von Hubertus Buchstein und Sandra Seubert, Berlin: Suhrkamp.

Möllers, Christoph (2008), *Demokratie. Zumutungen und Versprechen*, Berlin: Wagenbach.

Möllers, Christoph (2017), »Wir, die Bürger(lichen)«, in: Merkur 71/818, S. 5-16.

Moorstedt, Tobias (2008), *Jeffersons Erben. Wie die digitalen Medien die Politik verändern*, Frankfurt am Main: Suhrkamp.

Mor, Shany (2019), »Demokratie verstehen«, in: *Merkur* 73/846, S. 67-77.

Mortier, Roland (1995), *Anacharsis Cloots ou l'utopie foudroyée*, Paris: Stock.

Mouffe, Chantal (2018 [2000]), *Das demokratische Paradox*, Wien: Turia + Kant.

Mouffe, Chantal (2007), *Über das Politische. Wider die kosmopolitische Illusion*, Frankfurt am Main: Suhrkamp.

Mouffe, Chantal (2014), *Agonistik. Die Welt politisch denken*, Berlin: Suhrkamp.

Moulin-Doos, Claire (2017), »Populismen in Europa: Nicht per se antidemokratisch, sondern antiliberal«, in: *Das Volk gegen die (liberale) Demokratie*, herausgegeben von Dirk Jörke und Oliver Nachtwey; Baden-Baden: Nomos, S. 303-321.

Mounk, Yascha (2018), *Der Zerfall der Demokratie. Wie der Populismus den Rechtsstaat bedroht*, München: Droemer.

Mounk, Yascha (2019), »Im Namen des Volkes gegen die Demokratie«, in: *Zeit online* (30. August 2019); online verfügbar unter: {https://www.zeit.de/politik/ausland/2019-08/boris-johnson-parlament-grossbritannien-no-deal-brexit}.

Moyn, Samuel (2012), *The Last Utopia: Human Rights in History*, Cambridge, MA: Harvard University Press.

Mudde, Cas (2007), *Populist Radical Right Parties in Europe*, Cambridge: Cambridge University Press.

Mudde, Cas (2010), »The populist radical right: A pathological normalcy«, in: *West European Politics* 33/6, S. 1067-1086.

Mudde, Cas (2018), »How populism became the concept that defines our age«, in: *The Guardian* (22. November); online verfügbar unter: {https://www.theguardian.com/commentisfree/2018/nov/22/populism-concept-defines-our-age}.

Mudde, Cas/Cristóbal Rovira Kaltwasser (2019), *Populismus. Eine sehr kurze Einführung*, Bonn: J.H.W. Dietz.

Müller, Jan-Werner (2016), *Was ist Populismus? Ein Essay*, Berlin: Suhrkamp 2016.

Müller, Jan-Werner (2019), *Furcht und Freiheit. Für einen anderen Liberalismus*, Berlin: Suhrkamp.

Müller, Reinhard (2018), »Absurdes Dublin. Verfassungsrichter Huber über ein Recht, das so verworren ist, dass es keiner versteht«, in: *Frankfurter Allgemeine Zeitung* (23. Juni), S. 4.

Nietzsche, Friedrich (1966 [1883]), »Also sprach Zarathustra«, in: ders., *Werke*, Bd. 2, München: Hanser, S. 275-561.

N.N. (2017), »Emmanuel Macron's democratic revolution«, in: *The Economist* (17. Juni).

Nora, Pierre (1996), »Nation«, in: *Kritisches Wörterbuch der Französischen Revolution*, Bd. 2, herausgegeben von François Furet und Mona Ozouf, Frankfurt am Main: Suhrkamp, S. 1221-1238.

Offe, Claus (Hg.) (2003), *Demokratisierung der Demokratie. Diagnosen und Reformvorschläge*, Frankfurt am Main/New York: Campus.

Osterhammel, Jürgen (2009), *Die Verwandlung der Welt. Eine Geschichte des 19. Jahrhunderts*, München: C.H. Beck.

Pasquino, Pasquale (1998), *Sieyes et l'Invention de la Constitution en France*, Paris: Odile Jacob.

Peacey, Jason (2013), *Print and Public Politics in the English Revolution*, Cambridge: Cambridge University Press.
Priester, Karin (2012), *Rechter und Linker Populismus. Annäherung an ein Chamäleon*, Frankfurt am Main/New York: Campus.
Prince, Rosa (2016), *Comrade Corbyn. A Very Unlikely Coup: How Jeremy Corbyn Stormed to the Labour Leadership*, London: Biteback Publishing.
Przeworski, Adam (2003), »Why do political parties obey results of elections?«, in: *Democracy and the Rule of Law*, herausgegeben von José María Maravall und Adam Przeworski, New York: Cambridge University Press, S. 114-144.
Przeworski, Adam (2005), »Democracy as an equilibrium«, in: *Public Choice* 123/3, S. 253-273.
Przeworski, Adam (2010), *Democracy and the Limits of Self-Government*, New York: Cambridge University Press.
Przeworski, Adam (2015), »Suffrage and voting secrecy in general elections«, in: *Secrecy and Publicity in Votes and Debates*, herausgegeben von Jon Elster, New York: Cambridge University Press, S. 97-107.
Przeworski, Adam (2018), *Why Bother with Elections?*, Cambridge: Polity.
Przeworski, Adam (2019), *Crises of Democracy*, New York: Cambridge University Press.

Rancière, Jacques (2002), *Das Unvernehmen. Politik und Philosophie*, Frankfurt am Main: Suhrkamp.
Rancière, Jacques (2008), *Zehn Thesen zur Politik*, Zürich/Berlin: Diaphanes.
Rancière, Jacques (2011), *Der Hass der Demokratie*, Berlin: August.
Reschke, Renate (1992), »›Pöbel-Mischmasch‹ oder vom notwendigen Niedergang aller Kultur«, in: *Zwischen Angstmetapher und Terminus. Theorien der Massenkultur seit Nietzsche*, herausgegeben von Norbert Krenzlin, Berlin: Akademie-Verlag, S. 14-42.
Reuning, Kevin/Nick Dietrich (2018), »Media coverage, public interest, and support in the 2016 Republican invisible primary«, in: *Perspectives on Politics* 17/2, S. 326-339.
Richards, Steve (2017), *The Rise of the Outsiders: How Mainstream Politics Lost its Way*, London: Atlantic.
Richet, Denis (1996), »Tage des Volksaufstandes während der Revolution«, in: *Kritisches Wörterbuch der Französischen Revolution*, her-

ausgegeben von François Furet und Mona Ozouf, Bd. 1, Frankfurt am Main: Suhrkamp, S. 230-251.
Riehl, Wilhelm Heinrich (1862), *Die deutsche Arbeit*, Stuttgart: Cotta'scher Verlag.
Riley, Dylan (2018), »What is Trump?«, in: *New Left Review* 114 (November/Dezember), S. 5-31.
Rodríguez-Pose, Andrés (2018), »The revenge of the places that don't matter (and what to do about it)«, in: *Cambridge Journal of Regions, Economy and Society* 11/1, S. 189-209.
Rodrik, Dani (2018), »Populism and the political economy of globalization«, in: *Journal of International Business Policy* 1/1, S. 12-33.
Roodujin, Matthijs/Stijn van Kessel/Caterina Froio/Andrea L. P. Pirro/Sarah de Lange/Daphne Halikiopoulou/Paul Lewis/Cas Mudde/Paul Taggart, »The PopuList: An overview of populist, far right, far left and eurosceptic parties in Europe«; online verfügbar unter: {https://popu-list.org/}.
Rosanvallon, Pierre (2000), *La démocratie inachevée. Histoire de la souverainité du peuple en France*, Paris: Gallimard.
Rosanvallon, Pierre (2017), *Die Gegen-Demokratie. Politik im Zeitalter des Misstrauens*, Hamburg: Hamburger Edition.
Rousseau, Jean-Jacques 1986 [1762], *Vom Gesellschaftsvertrag oder Grundsätze des Staatsrechts*, Stuttgart: Reclam.
Ruda, Frank (2011), *Hegels Pöbel. Eine Untersuchung der »Grundlinien der Philosophie des Rechts«*, Konstanz: Konstanz University Press.
Rude, George (1967), *The Crowd in the French Revolution*, Oxford: Oxford University Press.
Runciman, David (2015), *The Confidence Trap. A History of Democracy in Crisis from World War I to the Present*, Princeton: Princeton University Press.
Runciman, David (2018), »Too few to mention«, in: *London Review of Books* 40/9-10, S. 23-26, online verfügbar unter: {https://www.lrb.co.uk/the-paper/v40/n09/david-runciman/too-few-to-mention}.
Runciman, David (2020), *So endet die Demokratie*, Frankfurt am Main/New York: Campus.

Saar, Martin (2013), *Die Immanenz der Macht: Politische Theorie nach Spinoza*, Frankfurt am Main: Suhrkamp.
Saar, Martin (2019), »Ohnmacht und Unfreiheit. Demokratische Politik nach der Postdemokratie«, in: *Kritische Theorie der Politik*, heraus-

gegeben von Ulf Bohmann und Paul Sörensen; Berlin: Suhrkamp, S. 473-493.

Sattar, Majid (2019), »Der imperiale Präsident«, in: *Frankfurter Allgemeine Zeitung* (26. August 2019), S. 2; online verfügbar unter: {https://www.faz.net/aktuell/politik/handelskrieg-mit-china-der-imperiale-praesident-16351335.html}.

Scharpf, Fritz W. (2009), »Legitimität im europäischen Mehrebenensystem«, in: *Leviathan* 37/2, S. 244-280.

Scharpf, Fritz W. (2015), »Das Dilemma der supranationalen Demokratie in Europa«, in: *Leviathan* 43/1, S. 11-28.

Schattschneider, Elmer E. (1942), *Party Government*, New York: Rinehart.

Schieder, Theodor (1991), »Typologie und Erscheinungsformen des Nationalstaates in Europa«, in: *Nationalismus und Nationalstaat*, herausgegeben von Theodor Schieder, Göttingen: Vandenhoeck & Ruprecht, S. 65-86.

Sherman, Gabriel (2017), »›I have power‹: Is Steve Bannon running for president?«, in: *Vanity Fair* (21. Dezember); online verfügbar unter: {https://www.vanityfair.com/news/2017/12/bannon-for-president-trump-kushner-ivanka}.

Schmidt, Susanne K. (2018), *The European Court of Justice and the Policy Process*, Oxford: Oxford University Press.

Schmitt, Carl (1988 [1926]), »Der Gegensatz von Parlamentarismus und moderner Massendemokratie«, in: ders., *Positionen und Begriffe im Kampf mit Weimar – Genf – Versailles, 1923-1939*, Berlin: Duncker & Humblot, S. 52-66.

Schmitt, Carl (1988 [1927]), »Der Begriff des Politischen«, in: ders., *Positionen und Begriffe im Kampf mit Weimar – Genf – Versailles, 1923-1939*, Berlin: Duncker & Humblot, S. 67-74.

Schmitt, Carl (2018 [1927]), *Der Begriff des Politischen. Synoptische Darstellung der Texte*, im Auftrag der Carl-Schmitt-Gesellschaft herausgegeben von Marco Walter, Berlin: Duncker & Humblot.

Schönberger, Sophie (2016), »Rechtliche Hürden für neue Parteien«, in: *Etablierungschancen neuer Parteien*, herausgegeben von Martin Morlok, Thomas Poguntke und Gregor Zons, Baden-Baden: Nomos, S. 71-90.

Schönemann, Bernd (1992), »Volk/Nation«, in: *Geschichtliche Grundbegriffe. Historisches Lexikon zur politisch-sozialen Sprache in Deutschland*, herausgegeben von Otto Brunner, Werner Conze und Reinhart Koselleck, Bd. 7, Stuttgart: Klett-Cotta, S. 281-380.

Schumpeter, Joseph A. (1993 [1942]), *Kapitalismus, Sozialismus und Demokratie*, Tübingen/Basel: Francke.
Schwiertz, Helge (2019), »Grenzen«, in: *Radikale Demokratietheorie*, herausgegeben von Dagmar Comtesse, Oliver Flügel-Martinsen, Franziska Martinsen, Martin Nonhoff, Berlin: Suhrkamp, S. 647-657.
Sedley, Stephen (2017), »Short Cuts: The Supreme Court's Judgment«, in: *London Review of Books* 39/5, S. 26-27.
Sedley, Stephen (2019), »A boundary where there is none«, in: *London Review of Books* 41/17, S. 4-5.
Seymour, Richard (2016), *Corbyn: The Strange Rebirth of Radical Politics*, London: Verso.
Sierakowski, Sławomir (2017), »Europe's new Eastern question«, Gespräch mit Adam Michnik (5. Dezember); online verfügbar unter: {http://www.robertboschacademy.de/content/language2/html/57042_57055.asp}.
Slobodian, Quinn (2019), *Globalisten. Das Ende der Imperien und die Geburt des Neoliberalismus*, Berlin: Suhrkamp.
Stanton, Timothy (2017), »Popular sovereignty in an age of mass democracy. Politics, parliament and parties in Weber, Kelsen, Schmitt and beyond«, in: *Popular Sovereignty in Historical Perspective*, herausgegeben von Richard Bourke und Quentin Skinner, Cambridge: Cambridge University Press, S. 320-358.
Stevenson, Jonathan (2019), »A different kind of emergency«, in: *New York Review of Books* LXVI/9, S. 24-26.
Stone, Geoffrey R. (2018), »›It can happen here‹: The lessons of history«, in: *Can it Happen Here? Authoritarianism in America*, herausgegeben von Cass R. Sunstein, New York: HarperCollins, S. 429-445.
Strauss, David A. (2018), »Law and the slow-motion emergency«, in: *Can it Happen Here?*, herausgegeben von Cass R. Sunstein, New York: HarperCollins, S. 365-386.
Strøm, Kaare/Wolfgang C. Müller/Daniel M. Smith (2010), »Parliamentary control of coalition governments«, in: *Annual Review of Political Science* 13, S. 517-535.
Sunstein, Cass R. (Hg.) (2018), *Can it Happen Here? Authoritarianism in America*, New York: HarperCollins.

Taibbi, Matt (2019), *Hate Inc.: Why Today's Media Makes Us Despise Each Other*, New York: OR Books.
Tommissen, Piet (Hg.) (1998), *Schmittiana. Beiträge zu Leben und Werk Carl Schmitts*, Bd. 6, Berlin: Duncker & Humblot.

Tooze, Adam (2019), »Democracy and its Discontents«, in: *New York Review of Books* LXVI/10, S. 52-57.
Tormey, Simon (2015), *The End of Representative Politics*, London: Polity.
Tuck, Richard (2015), *The Sleeping Sovereign. The Invention of Modern Democracy*, Cambridge: Cambridge University Press.

Urbinati, Nadia (2018), »Populism and the principle of majority«, in: *The Oxford Handbook of Populism*, herausgegeben von Cristóbal Rovira Kaltwasser, Paul Taggart, Paulina Ochoa Espejo und Pierre Ostiguy, Oxford: Oxford University Press, S. 571-589.

Warren, Mark E. (2006), »Democracy and the state«, in: *Oxford Handbook of Political Theory*, herausgegeben von John S. Dryzek, Bonnie Honig und Ann Phillips, Oxford: Oxford University Press, S. 383-399.
Weber, Max (1918 [1988]), »Parlament und Regierung im neugeordneten Deutschland«, in: *Gesammelte Politische Schriften*, Tübingen: Mohr Siebeck, S. 306-443.
Weinberger, Eliot (2019), »One summer in America«, in: *London Review of Books* 41/18, S. 11-18.
Werner, Karl Ferdinand (1992), »Volk/Nation«, in: *Geschichtliche Grundbegriffe. Historisches Lexikon zur politisch-sozialen Sprache in Deutschland*, herausgegeben von Otto Brunner, Werner Conze und Reinhart Koselleck, Bd. 7, Stuttgart: Klett-Cotta, S. 171-281.
White, Jonathan (2015), »Emergency Europe«, in: *Political Studies*, 63/2, S. 300-318.
Whiteley, Paul F. (2010), »Is the party over? The decline of party activism and membership across the democratic world«, in: *Party Politics* 17/1, S. 21-44.
Wiesendahl, Elmar (2013), »Restlaufzeiten der Parteiendemokratie«, in: *Abkehr von der Parteien*, herausgegeben von Oskar Niedermayer, Benjamin Höhne und Uwe Jun, Wiesbaden: Springer, S. 9-42.
Winkler, Peter (2019), »Asylmissbrauch hat Folgen«, in: *Neue Zürcher Zeitung* (14. September), S. 19.
Wilentz, Sean (2019), »How our politics broke«, in: *New York Review of Books* LXVI/8, S. 22-24.

Zick, Andreas/Beate Küpper/Wilhelm Berghan (2019), *Verlorene Mitte. Feindselige Zustände. Rechtsextreme Einstellungen in Deutschland 2018/19*, Berlin: Friedrich Ebert Stiftung.

Zielonka, Jan (2019), *Konterrevolution. Der Rückzug des liberalen Europa*, Frankfurt am Main/New York: Campus.
Žižek, Slavoj (2010), *Living in the End Times*, London: Verso.
Žižek, Slavoj (2012), »Das ›unendliche Urteil‹ der Demokratie«, in: Giorgio Agamben, Alain Badiou et al., *Demokratie? Eine Debatte*, Berlin: Suhrkamp, S. 116-136.

Danksagung

Dieser Essay wurde veranlasst durch die Beiträge zu und die Diskussion auf einer Tagung des Konstanzer Kulturwissenschaftlichen Kollegs zum Thema Populismus am 19. Februar 2019. Ich bin Albrecht Koschorke für die Einladung nach Konstanz ausgesprochen dankbar. Eine Reihe von Kollegen beziehungsweise Freunden, das lässt sich oft ja gar nicht mehr trennen, haben den Text ausführlich und wie immer extrem hilfreich kommentiert: Susanne K. Schmidt, Michael Neumann, Thorsten Wilhelmy, Florian Meinel, Sebastian Huhnholz, Christoph Möllmann, Martin Höpner, Carsten Nickel. Wichtig für die Entwicklung des Arguments war auch der Austausch mit Jörg Döring und Niels Werber aus Anlass des Siegener SFB-Antrags »Transformationen des Populären«. Teile des Arguments wurden vorgetragen an der Goethe-Universität Frankfurt am Main am Exzellenzcluster Normative Ordnungen (ich danke Martin Saar und Thomas Biebricher für die freundliche Einladung), im Theorieseminar der Universität Bremen (ich danke Martin Nonhoff und den Teilnehmern für ihre Kommentare), an der Universität Liechtenstein und auf einer Tagung der Sektion Politische Theorie der DVPW. Ich bin Fritz W. Scharpf und dem Max-Planck-Institut für Gesellschaftsforschung in Köln dankbar für die Gelegenheit, die Thesen des Buchs auf einem Workshop vorgestellt haben zu dürfen, auf dem insbesondere Armin Schäfer das Manuskript eingehend kommentiert hat.

Es war erneut Heinrich Geiselberger, der das Buchprojekt bei Suhrkamp mit gewohnter Professionalität begleitet und das Manuskript akribisch lektoriert hat. Die Abschnitte I.1 und II.1 sind als Vorabveröffentlichungen im *Merkur* erschienen: »Demokratisierung der Demokratie« (73/847, Dezember 2019) und »Entdemokratisierung der Demokratie« (74/850, März 2020). Dank an Christian Demand und Ekkehard Knörer für die Aufnahme und die entsprechende Arbeit am Text.

Gewidmet ist das Buch NB & HS & NN – mein innigster Wunsch: dass sie auch in zunehmend unruhigen Zeiten ein angst- und sorgenfreies, ein erfülltes, befriedigendes Leben werden führen können.

Politik
in der edition suhrkamp
Eine Auswahl

Bini Adamczak. Beziehungsweise Revolution. 1917, 1968 und kommende. es 2721. 320 Seiten

Louis Althusser. Für Marx. Vollständige und durchgesehene Ausgabe. Herausgegeben von Frieder Otto Wolf. es 2600. 409 Seiten

Bruno Amable/Stefano Palombarini. Von Mitterrand zu Macron. Über den Kollaps des französischen Parteiensystems. es 2727. 255 Seiten

Perry Anderson
- Das italienische Desaster. edition suhrkamp digital. 80 Seiten
- Hegemonie. Konjunkturen eines Begriffs. es 2724. 249 Seiten

Scott Anderson. Zerbrochene Länder. Wie die arabische Welt aus den Fugen geriet. es-Sonderdruck. 264 Seiten

Alain Badiou. Versuch, die Jugend zu verderben. es-Sonderdruck. 111 Seiten

Loren Balhorn/Bhaskar Sunkara (Hg.). Jacobin. Die Anthologie. es-Sonderdruck. 313 Seiten

Wolfgang Bauer
- Bruchzone. Krisenreportagen. es-Sonderdruck. 349 Seiten
- Über das Meer. Mit Syrern auf dem Weg nach Europa. es-Sonderdruck. 133 Seiten

NF 1096/1/03.19

Zygmunt Bauman
- Die Angst vor den anderen. Ein Essay über Migration und Panikmache. es-Sonderdruck. 125 Seiten
- Retrotopia. Übersetzt von Frank Jakubzik. es-Sonderdruck. 220 Seiten

Timm Beichelt. Ersatzspielfelder. Zum Verhältnis von Fußball und Macht. es 2723. 396 Seiten

Ingolfur Blühdorn. Simulative Demokratie. Neue Politik nach der postdemokratischen Wende. es 2634. 304 Seiten

Michael Butter. »Nichts ist, wie es scheint«. Über Verschwörungstheorien. es-Sonderdruck. 270 Seiten

Colin Crouch
- Das befremdliche Überleben des Neoliberalismus. Postdemokratie II. es-Sonderdruck. 248 Seiten
- Postdemokratie. es 2540. 159 Seiten

Demokratie? Eine Debatte. Mit Beiträgen von Giorgio Agamben, Alain Badiou, Jean-Luc Nancy, Slavoj Žižek und anderen. es 2611. 137 Seiten

Matthias Dusini/Thomas Edlinger. In Anführungszeichen. Glanz und Elend der Political Correctness. es 2645. 297 Seiten

Thomas Edlinger. Der wunde Punkt. Vom Unbehagen an der Kritik. es 2693. 317 Seiten

Didier Eribon
- Gesellschaft als Urteil. Klassen, Identitäten, Wege. es-Sonderdruck. 265 Seiten
- Rückkehr nach Reims. es-Sonderdruck. 240 Seiten

NF 1096/2/03.19

Heiner Flassbeck/Paul Steinhardt. Gescheiterte Globalisierung. Ungleichheit, Geld und die Renaissance des Staates. es 2722. 410 Seiten

Heinrich Geiselberger (Hg.). Die große Regression. Eine internationale Debatte über die geistige Situation der Zeit. es-Sonderdruck. 319 Seiten

Hermann L. Gremliza. Haupt- und Nebensätze. es 2715. 159 Seiten

Lukas Haffert. Die schwarze Null. Über die Schattenseiten ausgeglichener Haushalte. es-Sonderdruck. 100 Seiten

David Harvey. Rebellische Städte. Vom Recht auf Stadt zur urbanen Revolution. es 2657. 283 Seiten

Wilhelm Heitmeyer. Autoritäre Versuchungen. Signaturen der Bedrohung 1. es 2717. 394 Seiten

Eva Illouz. Israel. Soziologische Essays. es 2683. 229 Seiten

Uffa Jensen. Zornpolitik. es 2720. 208 Seiten

Dirk Jörke. Die Größe der Demokratie. Über die räumliche Dimension von Herrschaft und Partizipation. es 2739. 283 Seiten

Ivan Krastev. Europadämmerung. Ein Essay. Übersetzt von Michael Bischoff. es 2712. 143 Seiten

Benjamin Kunkel. Utopie oder Untergang. Ein Wegweiser für die gegenwärtige Krise. es 2687. 246 Seiten

NF 1096/3/03.19

Bruno Latour. Das terrestrische Manifest. es-Sonderdruck. 136 Seiten

Philipp Lepenies. Die Macht der einen Zahl. Eine politische Geschichte des Bruttoinlandsprodukts. es 2673. 186 Seiten

Philip Manow
- Im Schatten des Königs. Die politische Anatomie demokratischer Repräsentation. es 2524. 171 Seiten
- Die Politische Ökonomie des Populismus. es 2728. 160 Seiten

Steffen Mau. Das metrische Wir. Über die Quantifizierung des Sozialen. es-Sonderdruck. 307 Seiten

Steffen Mau/Nadine M. Schöneck (Hg.). (Un-)Gerechte (Un-)Gleichheiten. es 2684. 208 Seiten

Lorenzo Marsili/Niccolò Milanese. Wir heimatlosen Weltbürger. es 2736. 280 Seiten

Markus Metz/Georg Seeßlen. Freiheit und Kontrolle. Die Geschichte des nicht zu Ende befreiten Sklaven. es 2730. 461 Seiten

Chantal Mouffe
- Agonistik. Die Welt politisch denken. es 2677. 214 Seiten
- Für einen linken Populismus. es 2729. 110 Seiten
- Über das Politische. Wider die kosmopolitische Illusion. es 2483. 169 Seiten

Heiner Müller. »Für alle reicht es nicht«. Texte zum Kapitalismus. es 2711. 389 Seiten

NF 1096/4/03.19

Jan-Werner Müller
- Verfassungspatriotismus. es 2612. 155 Seiten
- Was ist Populismus? Ein Essay. es-Sonderdruck. 159 Seiten

Oliver Nachtwey. Die Abstiegsgesellschaft. Über das Aufbegehren in der regressiven Moderne. es 2682. 264 Seiten

Neuer Antisemitismus? Fortsetzung einer globalen Debatte. Mit Beiträgen von Judith Butler, Dan Diner, Tony Judt, Matthias Küntzel, Moshe Zimmermann und anderen. es 2740. 494 Seiten

Claus Offe. Europa in der Falle. es 2691. 160 Seiten

Miltiadis Oulios. Blackbox Abschiebung. Geschichte, Theorie und Praxis der deutschen Migrationspolitik. es-Sonderdruck. 512 Seiten

Volker Perthes. Das Ende des Nahen Ostens, wie wir ihn kennen. Ein Essay. es-Sonderdruck. 144 Seiten

Heribert Prantl. Trotz alledem! Europa muss man einfach lieben. es-Sonderdruck. 93 Seiten

Katharina Raabe/Manfred Sapper (Hg.). Testfall Ukraine. Europa und seine Werte. es-Sonderdruck. 256 Seiten

Hanno Rauterberg. Wie frei ist die Kunst? Der neue Kulturkampf und die Krise des Liberalismus. es 2725. 141 Seiten

César Rendueles
- Soziophobie. Politischer Wandel im Zeitalter der Utopie. es 2690. 262 Seiten
- Kanaillen-Kapitalismus. Eine literarische Reise durch die Geschichte der freien Marktwirtschaft. es 2737. 300 Seiten

NF 1096/5/03.19

Carlo Strenger
- Abenteuer Freiheit. Ein Wegweiser für unsichere Zeiten. es-Sonderdruck. 122 Seiten
- Diese verdammten liberalen Eliten. Wer sie sind und warum wir sie brauchen. es-Sonderdruck. 180 Seiten
- Zivilisierte Verachtung. Eine Anleitung zur Verteidigung unserer Freiheit. es-Sonderdruck. 104 Seiten

William T. Vollmann. Arme Leute. Reportagen. es-Sonderdruck. 335 Seiten

Slavoj Žižek. Auf verlorenem Posten. es 2562. 319 Seiten

Gabriel Zucman. Steueroasen. Wo der Wohlstand der Nationen versteckt wird. es-Sonderdruck. 118 Seiten

Michael Zürn/Matthias Ecker-Ehrhardt (Hg.). Die Politisierung der Weltpolitik. Umkämpfte internationale Institutionen. es 2659. 412 Seiten

NF 1096/6/03.19